DA YI ZHI BAO HU GAO FENG LUN TAN WEN JI

大遗址保护高峰论坛文集

国家文物局 编

文物出版社

封面设计：周小玮
责任印制：陈　杰
责任编辑：窦旭耀

图书在版编目（CIP）数据

大遗址保护高峰论坛文集 / 国家文物局编． －北京：
文物出版社，2009.2
　　ISBN 978－7－5010－2676－0

Ⅰ．大… Ⅱ．国… Ⅲ．文化遗址－文物保护－中国－文
集 Ⅳ．K878

中国版本图书馆 CIP 数据核字（2008）第 212370 号

大遗址保护高峰论坛文集

编　　者	国家文物局
出版发行	文物出版社
地　　址	北京市东直门内北小街 2 号楼
	100007
	http://www.wenwu.com
	web@wenwu.com
制版印刷	北京燕泰美术制版印刷有限责任公司
经　　销	新华书店
版　　次	2009 年 2 月第 1 版第 1 次印刷
开　　本	787 × 1092　　1/16
印　　张	11.5
标准书号	ISBN 978－7－5010－2676－0
定　　价	80.00 元

出版说明

　　2008 年 10 月 21 日，国家文物局和陕西省人民政府在西安联合举办了"大遗址保护高峰论坛"。来自西安、郑州、杭州、成都、洛阳、无锡、扬州、荆州、安阳、朝阳和开封等 11 个城市的主要领导出席论坛并发言，部分省区市的文物局负责人和文化遗产专业研究机构代表出席了论坛。论坛最终形成并通过了我国首个关于大遗址保护专门性文件——《大遗址保护西安共识》。

　　为进一步宣传和推广论坛成果，同时也便于社会各界及时了解我国大遗址保护现状，国家文物局编印了这本《大遗址保护高峰论坛文集》。

　　在此，谨向文集所收录文章的作者致以衷心的感谢！

目录

大遗址保护高峰论坛文集

大遗址保护西安共识

　　我们，来自西安、郑州、杭州、成都、洛阳、无锡、扬州、荆州、安阳、朝阳、开封等城市的代表，应国家文物局、陕西省人民政府的邀请，参加了2008年10月21日在西安举办的"大遗址保护高峰论坛"。

　　我们围绕"做好大遗址保护，推进城市和谐发展"的主题，就探索大遗址保护新模式，推动大遗址保护深入开展，促进区域经济协调发展，确保民众共享保护成果等内容进行了深入的研讨。

　　我们注意到，城市化进程的加快给文化遗产保护带来了前所未有的冲击与挑战，这突出表现为大遗址保护与土地资源高度紧张的矛盾日益凸显，与城市建设的冲突日益凸显，与传统保护理念和模式的不协调日益凸显。

　　我们注意到，从高句丽遗址、殷墟遗址到大明宫遗址、隋唐洛阳城遗址、唐宋扬州城遗址，再到金沙遗址、鸿山遗址，都开展了一系列卓有成效的保护行动。伴随着这些实践，大遗址正在从城市中被人遗忘的角落、脏乱差的角落，逐渐转变为城市中最美丽的地方，最有文化品位的空间。

　　我们注意到，从《中国文物古迹保护准则》到ICOMOS十五届大会

《西安宣言》，再到《城市文化北京宣言》，中国文化遗产保护理论体系日趋成熟，逐渐形成了大遗址保护的自身特色。

未来，我们将继续致力于促进大遗址保护与城市建设的和谐发展，开展全面、广泛、持续的实践。为此，我们达成以下共识：

一、大遗址是不可再生的文化资源，是城市文化景观的核心要素，是城市可持续发展的资本和动力。大遗址保护对建设城市文化，彰显城市特色，保持文化多样性，守望中华民族共有精神家园具有重大意义。

二、科学编制保护规划，将其纳入城乡发展规划，是优化城市空间格局，合理配置资源，妥善处理城市建设与大遗址保护关系的必由之路。

三、坚持政府主导与公众参与相结合，坚持整体保护，不断创新，积极探索保护和利用新模式，是开创大遗址保护新局面的重要保证。

四、深入挖掘大遗址内涵和价值，充分发挥其社会效益，促进旅游等相关产业的理性发展，为区域经济提供新的增长点，是大遗址保护成为城市发展积极力量的有效途径。

五、以人为本，因地制宜，加强环境整治，改善城乡生态，创造美好的人居环境，提高城市生活品质，让全社会共享保护成果，是大遗址保护的出发点和根本落脚点。

我们不但承担着城市建设与发展的职责，更肩负着传承与弘扬中华文化的重任。我们将为此不懈努力！

二〇〇八年十月二十一日于西安

在大遗址保护高峰论坛上的致辞

陕西省人民政府副省长　郑小明

尊敬的单霁翔局长，尊敬的各位专家、各位领导，女士们、先生们：

大家下午好。

金秋十月，秋高气爽。在这收获的季节里，由国家文物局和陕西省人民政府共同主办的"大遗址保护高峰论坛"在我省隆重开幕了。来自国家有关部委的负责同志、兄弟省市的领导和著名专家学者欢聚千年古都西安，共商我国大遗址保护大计。这是中国文化遗产保护领域的一大盛事，也是我省文化遗产保护特别是大遗址保护工作的盛事和喜事。在此，我代表中共陕西省委、省人民政府对这次盛会在西安召开表示热烈祝贺！向各位领导、各位专家和朋友们的到来表示热烈欢迎！

陕西地处中国内陆腹地，面积20多万平方公里，人口3700多万，是中华民族和华夏文化的重要发祥地之一。早在100多万年前，就有人类在此活动并繁衍生息。中国历史上先后有14个封建王朝在陕西境内建都，古代中华文明鼎盛时期的周、秦、汉、唐等13个朝代的都城遗址都分布在今天的西安市周围，西安市的前身——古代长安作为都城长达1100多年。悠久的历史，灿烂的文明，给陕西地上地下遗存了十分丰富的文化遗产，具有完整性、丰富性、至高性的特点。据目前掌握的资料，全省登记在册的文物点达35750处，其中，各类古遗址就达15065处，约占全省不可移动文物资源的50%。因此，大遗址是陕西得天独厚文物资源宝库中最重要的组成部分。这些大遗址，有的是中华文化起源的大型聚落遗址，有的是中华文明最辉煌时期的都城遗址，有的是中国古代历史鼎盛时代的帝王陵园遗址，具有数量多、分布广、面积大、等级高等特点。其中，周原遗址、丰镐遗址、秦雍城遗址、秦咸阳城遗址、秦阿房宫遗址、汉长安城遗址、大夏统万城遗址、隋唐长安城遗址、唐大明宫遗址等九大都城遗址，面积达十几平方公里到七八十平方公里；分布在渭河两岸、关中北部的秦始皇陵园遗址，西汉11座帝陵陵园遗址，唐代18座帝陵陵园遗址，每座陵园遗址占地面积都在数平方公里到十几平方公里。这些大型都城遗址和帝王陵园遗址保存在地上地下的遗迹遗物，都是当时历史时期文化、科技发展最高水平的典型代表，都是古代中华文明辉煌成就的物质载体，具有无可替代的历史、文化、科学和艺术价值。

多年来，陕西省各级政府始终十分重视大遗址保护工作，正确处理大遗址保护和经济社会发展的关系，为保护历史文化遗产做出了卓有成效的不懈努力，取得了有目共睹的成果。特别是《国家"十一五"期间大遗址保护规划大纲》实施以来，省政府和遗址所在地各级政府坚持大遗址保护"四结合"原则，即大遗址保护与区域经济社会发展相结合、与遗址区群众生产生活水平提高相结合、与城乡建设发展相结合、与当地生态环境人文环境改善相结合，在国家文物局、财政部、国家发改委、国土资源部等国家有关部委的大力支持下，我们在制定大遗址保护专项法规、建立健全大遗址保护机构、组织编制大遗址保护规划、加强大遗址保护基础工作的同时，组织实施了多项大遗址保护展示项目。一是汉阳陵陵园遗址保护项目。国家补助3000多万元、省政府投入2.4亿多元，将西汉景帝阳陵陵园遗址内2894亩土地全部征用，用于遗址保护。绿化美化了遗址环境，实施了阳陵南门阙保护工程，建设了汉阳陵考古陈列馆和帝陵外藏坑地下遗址展示厅，建成了汉阳陵文化园区。二是秦始皇陵遗址公园项目。国家补助1.5亿、我省自筹6亿多元，一次性征用秦始皇陵园外城以内土地2902亩，并搬迁安置3个行政村、15个村民小组、24个企事业单位，全面整治遗址环境，进行绿化、道路等基础设施工程，实施秦俑博物馆馆前区环境改造项目，建设秦始皇陵遗址公园。三是汉长安城遗址保护项目。国家补助3700多万元，省、市投入1000多万元，在汉长安城遗址实施了城墙遗址保护展示、城门遗址保护展示、宫殿遗址保护展示等20多项保护项目。同时，省市政府还将支持利用世界银行贷款1.6亿美元，实施汉长安城未央宫遗址汉代道路系统调查、保护、绿化和整体保护工程。四是唐大明宫遗址保护工程。在与联合国教科文组织合作、日本国政府出资200万美元和2.4亿日元、国家补助5900多万元人民币，完成含元殿遗址、麟德殿遗址保护工程和环境整治工程的基础上，目前，西安市政府正在组织实施唐大明宫遗址公园项目，计划投入近100亿元，搬迁、安置唐大明宫遗址3.2平方公里范围内所有居民和企事业单位，绿化美化遗址环境，实施遗址保护工程，建设唐大明宫遗址公园，带动周边旧城改造和城市建设。五是鼓励、支持西安高新区管委会投资4亿多元人民币，保护展示了唐长安城延平门遗址，建成了城市文化主题公园。六是鼓励、支持宝鸡市政府投资3亿多元，实施石鼓山周秦文化主题公园项目，建设宝鸡青铜器博物院。七是支持、引导民营企业——大唐西市置业有限公司投资近4亿元，对唐长安城西市遗址进行考古勘探和部分发掘保护展示，建设唐长安城西市遗址博物馆。

总之，我省这些大遗址保护项目的实施，既完整保护了遗址范围和格局，又有效保护了遗址本体；同时也极大地改善了遗址保存环境和人文环境，有效改善了当地群众的生产生活和居住条件，带动了城市建设的快速发展。实现了大遗址保护"政府重视、专家满意、群众拥护"

的多赢目标，逐步使大遗址保护成为促进当地经济社会全面发展、人民生产生活水平不断提高、建设和谐社会的积极力量。

各位专家，同志们：大遗址保护是文物保护工作的重点和难点，陕西省在大遗址保护工作中进行了一些探索和实践，取得了一定的成绩，但也面临诸多困难和挑战。衷心希望通过这次高峰论坛，请各位专家、各位领导对我们的大遗址保护工作多提宝贵意见和建议，帮助我省把大遗址保护工作做得更好，为陕西乃至全国文化遗产保护事业特别是大遗址保护工作做出新的、更大成绩，为提高我国文化软实力、促进社会主义文化大繁荣大发展做出应有的贡献。

最后，我代表陕西省委、省政府预祝本次大遗址保护高峰论坛取得圆满成功。祝愿各位领导和专家们在陕期间生活愉快、身体健康。

谢谢大家。

做好大遗址保护
推进城市和谐发展

国家文物局局长　单霁翔

尊敬的各位来宾，女士们、先生们：

很高兴能有机会与来自各重要遗产城市的领导们共同探讨大遗址保护工作。

大遗址保护是我国文化遗产保护中的重点，也是我们长期以来的工作难点。自2005年国家设立了大遗址保护专项经费，2006年组织编制了《"十一五"期间大遗址保护总体规划》以来，在党中央国务院的高度重视和坚强领导下，在各有关部门和各级地方党委、政府的全力支持下，在广大人民群众和社会各方面的倾心关注和热情参与下，大遗址保护工作取得了可喜的成绩。4年来，我们全面启动了100处重要大遗址的保护工作，扎实推进大遗址保护基础工作和规划编制，实施了一批具有示范意义的大遗址保护展示工程，初步建成了一批大遗址保护展示示范园区，初步建立了大遗址保护管理体系，确立了由长城、丝绸之路、大运河、西安片区、洛阳片区组成的"三线两片"为核心的大遗址保护格局，基本实现了《"十一五"期间大遗址保护总体规划》部署的中期目标。

从高句丽遗址、殷墟遗址到大明宫遗址、隋唐洛阳城遗址，再到金沙遗址、鸿山遗址，大遗址正在逐渐摆脱"城市中被人遗忘的角落、脏乱差的角落"这一尴尬形象，逐渐变成城市最具魅力的地方，市民最喜欢的遗址公园，城市最有品位的文化空间。去年大遗址保护洛阳现场会和今年4月无锡现场会的召开，更是有力地推动了大遗址保护工作的长足发展。我们开展大遗址保护工作的信心越来越足，迈开的步子也越来越大，大遗址保护工作捷报频传。

西安市委市政府一方面在大明宫保护原有工作的基础上，贯彻文物本体和背景环境整体保护的理念，结合城中村改造，加大环境整治力度，着力构建具有国际一流水平的大明宫国家遗址公园；另一方面，成立保护管理机构统筹负责大明宫遗址区保护涉及的各项工作，此外还在保护展示方面积极引入国际理念和国际力量，这些在大遗址保护方法和保护管理体制机制方面的创新和尝试值得认真总结、加以推广。洛阳市委市政府积极立法保护隋唐洛阳城遗址的同时，对不合理占压遗址宫城核心区的建筑予以坚决拆除，建设大型考古遗址公园，并进一步提出结合洛阳玻璃厂的改造对占压隋唐洛阳城遗址的洛阳玻璃厂进行整体搬迁，建立玻璃博物馆，兼顾大遗址与工业遗产保护。

今天，越来越多的城市政府认识到大遗址保护的重要性。无锡市委市政府在做好鸿山遗址保护的基础上，进一步提出整体保护好阖闾城遗址。郑州市委市政府积极推动不合理占压郑州商城城墙遗址的建筑拆迁，将大遗址保护与展示作为该区域今后发展的主要目标之一。成都市委市政府深刻认识到大遗址在城市文化建设中不可替代的作用，果断地将位于城市核心区新发现的重要遗址——江南馆街唐宋遗址进行原址保护，显示了保护大遗址的决心。杭州市委市政府积极引入文化景观保护的理念进一步加强对西湖景区的保护，并积极推动杭州西湖以文化景观申报世界文化遗产。扬州市委市政府承担起大运河联合申遗牵头城市的重任，全力以赴，积极协调，推动大运河保护与申遗工作走上正轨。与此同时，丝绸之路跨国联合申遗工作、长城保护工程等重点工作均进展顺利。

这些实践使我们更加坚信，大遗址保护完全可以为所在城市创造良好环境，促进经济社会进步，改善当地人民生活，成为城市发展的积极力量。这些实践所昭示出的城市管理者和决策者高瞻远瞩的目光与无与伦比的魄力，足以令每一位文化遗产保护工作者热血沸腾，信心倍增。也正是在这种振奋人心的形势下，国家文物局感到有必要召开一次由各重要遗产城市主要领导参加的讨论，共同探讨城市中的大遗址保护工作。基于这样的初衷，我们先后与陕西省委省政府、西安市委市政府领导商量在西安召开本次论坛，并力邀各重要遗产城市的主要领导，希望大家能够来参加论坛并分享他们在大遗址保护方面的经验。这一动议得到了在座各位领导的大力支持与积极响应，我们感到很欣慰，也借此机会表示衷心地感谢。

几年来，我们在探索中国特色文化遗产保护道路，做好大遗址保护工作方面进行了一些积极的思考，做了一些有益的尝试，总的来讲主要有以下四点体会：

一、各级党委和政府的主导是做好大遗址保护工作的关键。近年来，国家统筹规划部署大遗址保护格局，突出重点，强力投入，积极转变工作思路，加大大遗址的保护力度。许多大遗址所在地的党委、政府深刻认识大遗址保护的重要性，高度重视，积极主动地开展工作，探索城市整体协调发展战略，工作和投入力度显著加大，改变了以往等、靠、要的思想状态，大遗址保护已经成为各地落实科学发展观、推动经济社会协调发展的一个新的着力点。地方党委和政府的高度重视，使大遗址保护成为各有关部门积极参与的共同行动，各方面的积极性充分调动起来，大大加强了大遗址保护工作的深度和力度。也正是在各级党委和政府的主导下，西安、洛阳、成都、杭州、郑州、无锡、扬州等城市才能在大遗址保护上取得如此辉煌的成绩。

二、广大民众的积极支持和参与是做好大遗址保护工作的重要保证。通过近几年来文化遗产保护特别是大遗址保护工作实践，我们更加充分认识到大遗址保护与广大民众的根本利益息息相关，是全社会的责任，是全体民众的共同事业。人民群众是大遗址的创造者和守护者，是大遗址保护工作推进的源头活水和真正动力。广大民众是否支持，是决定大遗址保护工作成败的重要因素。高句丽、殷墟、大明宫、隋唐洛阳城、金沙、鸿山遗址等保护的成功实践，让我们认识到只有坚持以人为本，充分发挥民众的主体作用，尊重社会公众对文化遗产工作的知情权、参与权、监督权和受益权，认真听取相关的意见和建议，自觉接受公众监督；只有深入研究制定发挥民众主体地位和作用的政策措施，积极创造条件，拓展社会参与文化遗产保护的渠道，充分发挥人民群众和社会组织的积极作用，才能使大遗址保护工作真正变成全民的行动，才能推动文化遗产事业不断前进。

三、基础工作的扎实有序开展是做好大遗址保护工作的前提。在近几年的工作中，我们高度重视大遗址考古工作的基础性作用，强调以大遗址保护为目的的考古工作要将工作重点放在调查和勘探上，重点探清遗址的分布范围和布局，并积极开展城市考古工作。随着大遗址相关考古和研究工作的不断深入，大遗址保护工作的基础更为扎实、重点更加突出、工作更加科学。与此同时，我们也高度重视保护规划的重要作用，强调通过编制具有针对性的专项保护规划，并纳入城乡建设和经济社会发展规划，将大遗址保护与城乡建设和经济社会发展相协调，取得一系列令人瞩目的成就。实践证明，只有在扎实考古工作的基础上，在统一规划的指导下，从全局的角度协调遗产保护目标与城乡发展目标，统筹安排各项工作，逐步实现大遗址保护工作从消极被动向积极主动转变，从突击式、抢救性、应急式向建立健全制度、形成长效机制转变。

四、大遗址保护理念的不断创新是做好大遗址保护工作的动力。创新是一个民族进步的灵魂，是一个国家兴旺发达的不竭动力。实践基础上的理论创新是大遗址保护工作发展的先导，即：针对大遗址的遗产价值和城市发展的实际情况，开展调查研究—分析评估—制定对策，是我们编制大遗址保护规划的基本工作程序。通过理论创新推动制度创新、科技创新、管理创新，不断在实践中探索前进，是我们要长期坚持的大遗址保护之路。在近几年大遗址保护的实践中，从高句丽遗址、殷墟遗址的保护展示，到大明宫遗址、隋唐洛阳城遗址、无锡鸿山遗址、金沙遗址的保护展示，从良渚管委会的建立到大明宫遗址区保护办公室的设立，正是由于不搞一刀切，始终坚持在大遗址保护、展示和管理方面不断创新，针对不同类型、不同地域的大遗址，因地制宜，不断探索大遗址保护的新鲜经验与模式，大遗址保护工作才能取得今天这样的成绩；也只有继续坚持开拓创新，坚持探索更为切实有效的保护方式，坚持探索更为直观动人的展示方法，坚持探索更为切合实际的管理机制，大遗址保护才能充满活力，才能迎接更加辉煌的明天。

回顾几年来大遗址保护工作，所取得的成绩是可喜的，但大遗址保护仍面临着很多的问题，其中一个重要问题就是城市化的加速发展。有关国际城市化研究和发达国家城市化实践都表明，城市化率进入30％至70％之间时将面临"加速发展期"，同时也是"矛盾凸现期"。而我们目前正处于这一发展时期，这一时期的显著特征是伴随经济快速发展，大规模城乡建设和基础设施建设持续展开、异常活跃，文化遗产保护的压力和风险加大，大遗址保护也必然经历最关键、最紧迫的阶段，突出表现为大遗址保护与城市土地资源短缺的矛盾日益凸显，与城市基础设施建设和房地产开发的矛盾日益凸显，与大遗址所在区域民众生产生活的矛盾日益凸显。例如，唐长安城遗址与西安市现有行政区域基本重合，隋唐洛阳城遗址宫城区就位于现洛阳市的老城区、扬州城遗址几乎和现扬州城区完全重合，郑州商城、金沙、南越王宫署等遗址也面临着同样的问题。在这一背景下，要做好城市中的大遗址保护工作，必须积极考虑如何有效而合理地配置和利用城市公共资源，妥善处理大遗址保护与城市经济社会发展之间的矛盾，在快速城市化进程中，既能保护好大遗址，又能使文化遗产为城市发展服务，为人民群众服务，促进城市经济社会和谐发展。具体而言，应注意以下几个方面：

一、要进一步认识到大遗址保护对于城市发展的积极作用和重要意义，积极探索遗产城市整体发展战略。大遗址是文化遗产的优秀代表，以其宏大的气势、丰富的内涵体现着我国先民伟大的创造力，辉映着中华民族的精神。保护大遗址的意义不仅在于保护优秀文化遗产，传承历史传统，守望我们共同的精神家园，还在于促进区域经济社会的和谐发展。对于城市中的大遗址而言，它不应被看做是城市发展的包袱，而应是城市发展无可替代的重要财富,是城市的文脉标志，是城市文化景观的核心要素，是城市可持续发展的资本和动力。做好大遗址保护工作无疑将极大地促进城市的科学和谐发展，有利于建设独具特色的城市文化，避免"千城一面"现象蔓延。而要做好城市中的大遗址保护工作，迫切需要各级党委政府积极探索区域整体协调发展战略，通过实施区域规划，缓解在城市性质、规模、布局方面过于集中的压力，在继续加快发展的同时，推进大遗址及其环境的保护，实现区域经济社会发展与文化遗产保护的共赢。

二、要进一步将大遗址保护规划纳入城市规划，并严格其法律效力，强化其约束力。大遗址保护规划是我们做好大遗址保护工作的基本依据，是保证城市中大遗址有效保护和合理利用的前提和基础，是实现遗产城市有机更新的重要手段。城市规划是通过对一定时期内城市发展目标的确定，制定实现这些目标的途径、步骤和行动纲领，并通过对社会实践的引导和控制来协调城市的发展。它主要是依靠对城市空间资源尤其是土地使用的分配和安排来发挥作用。作为遗产城市，在编制实施城市规划的过程中，要根据科学发展观要求，更加关注区域协调发展、城乡统筹建设、各类资源和生态环境的有效保护、能源和水资源以及土地资源的节约使用，促进社会、经济、文化和环境的协调发展。在这个过程中，要充分考虑遗产城市的特殊性，妥善处理好城市建设与大遗址保护的关系，在规划建设中有意识地把大遗址等地下文化遗存保护好，展示出来，进而在城市中创造出有意义的文化空间和文化环境，提升城市的文明素质与文化品位。

三、要进一步统筹好大遗址保护与城市发展、人民群众生活改善之间的关系，使大遗址保护能够融入城市经济社会发展，能够惠及民众。在大遗址保护和规划中，要注重深入挖掘其潜在的文化内涵、社会价值和对城市发展的积极意义，充分发挥文化遗产的社会效益，将其转化为服务于民众现实和未来生活的文化资源，为旅游业和文化产业的发展提供良好环境，为区域经济的发展提供新的增长点。通过保护促进经济发展，在经济发展中加强保护，使二者相辅相成，相得益彰。同时通过大遗址保护，改善城乡的生态环境，保持浓厚的文化环境，创造美好的宜居环境，使人民共享文化遗产保护成果。正如我们上午参观时所看到的那样，大明宫的保护活跃了西安道北地区的文化氛围，改善了城市的环境，带动了相关产业的发展，促进了城市经济社会进步，提高了群众的生活水平，使大遗址保护成为惠及民众的民心工程。而所有这些正是大遗址保护的根本目的，是大遗址所在地区广大民众的热切期盼，应在今后大遗址保护中大力坚持并进一步加以弘扬。

谢谢大家！

做好大遗址保护　推进城市和谐发展

科学统筹 因势利导

——努力实现遗址保护城市发展和民生改善的和谐共生

西安市人民政府副市长 段先念

尊敬的单霁翔局长，各位领导、各位嘉宾：

今天，大遗址保护高峰论坛在古都西安隆重召开。我代表西安市人民政府，对国家文物局和各兄弟城市领导莅临西安表示热烈的欢迎！对国家文物局长期以来给予西安文物保护和文化事业的关注和支持表示最诚挚的感谢！

下面我就西安大遗址保护的五个方面情况向大会作汇报。

一、西安大遗址保护的主要成就和基本做法

1.科学规划，完善法规，依法保护大遗址。

西安是我国大遗址集中分布的主要城市之一。其中遗址类国保单位14处，省保单位24处，汉长安城遗址、大明宫遗址、阿房宫遗址、姜寨遗址和汉杜陵等五处大遗址列入"十一五"期间国家文物局确定的100处大遗址保护计划。

西安从整体上保护大遗址的措施之一，就是不断加大保护工作力度，把对古迹遗址的保护纳入法律法规的范畴。市政府先后颁布了《四大遗址保护条例》、《西安历史文化名城保护条例》等地方法规；编制并公布了《西安历史文化名城保护规划》、《大明宫遗址保护总体规

划》；汉杜陵保护规划已上报国家文物局；汉长安城保护规划已完成，准备上报国家文物局；阿房宫保护规划已开始编制；划定了文物保护单位"紫线"。这些重要举措使西安地区大遗址保护和利用取得了令人满意的成效。

2.完善管理机构，构建广泛的群众保护体系。

根据西安大遗址分布的特点和保护需要，1994年以来，西安市先后有重点地为四大遗址设立专门文物管理机构，并征用部分土地进行保护管理；在遗址区建立了广泛的群众巡查联保网络，联合公安机关，有效地遏制了盗掘古墓葬、倒卖文物的犯罪活动。

3.在科学发掘的基础上探索遗址保护展示的新途径。

从上世纪50年代开始，西安文物部门就开始了对大遗址的调查、勘探和部分发掘研究工作。80年代后，加大了大遗址的研究和保护力度。对汉长安城桂宫遗址采取覆土展示手法；对长乐宫及冰窖遗址，建馆原址保护展示，对大明宫麟德殿和含元殿遗址，采用砌砖保护展示的方式，向游人开放。不同形式的保护展示方式，有效地防止了遗址不再遭受自然和人为破坏，同时对当地旅游、文化产业发展起到积极的推动作用。

二、西安大遗址保护面临的困难和挑战

1.城市建设的快速发展对遗址保护的压力越来越大。

城市用地的急剧扩张，使以前处于城市边缘地区的部分大遗址逐渐纳入城市用地范围。唐大明宫遗址已经位于城市中心区域，距离西安城墙不到1公里，汉长安城遗址周边已经被工业区包围。由于城市用地日趋紧张，使用成本升高，遗址周边的建设逐渐向遗址内蔓延。虽然遗址区域建设活动有诸多限制，但由于土地日益紧缺和使用成本的低廉，加之地方群众迫切的致富愿望，导致遗址区域违章、违法建设时有发生，且有日趋严重的趋势，对遗址安全构成很大威胁。

科学统筹　因势利导

2.土地矛盾突出。

大遗址要求完整、真实地保护,而当地群众要求发展地方经济、提高生活水平,他们在追求单位土地的最大效益。目前,大明宫、汉长安城等遗址除去地面上裸露的夯土遗迹属于国有土地外,绝大多数土地为集体土地,由村民使用。尽管有地方政府积极协调,有的进行租用,但由于涉及农民的经济利益,具体实施起来仍是矛盾不断,依靠当地村民无偿提供土地保护文物的做法已经难以为继。

3.文物保护经费缺口很大。

国家文物局、财政部近年来不断加大对遗址保护的经费投入,保护项目也逐年增多,2005年以来光是大明宫遗址保护展示和环境整治就已经投入4900万元,地方配套也已超过6亿元。根据我们的预计,西安大遗址保护总投入将超过200亿元。目前仅依靠从国家文物局下拨的文物本体保护和部分考古、环境整治费用,还远远不能解决问题。

三、"政府主导,群众参与,市场运作"是大明宫遗址保护与民生改善相结合的有益探索

大明宫遗址是西安四大遗址之一。是目前国内保存最完整的宫殿遗址。从上世纪80年代开始,在国家文物局的大力支持下,我们对麟德殿遗址局部实施包砌保护工程,有效地防止了遗址不再遭受人为和自然的破坏。1994年至2004年,我们联合日本、联合国教科文组织合作实施了大明宫含元殿遗址保护工程。2005年,西安市政府在地方财政十分紧张的情况下投入近6个亿的资金,对御道区域实施了拆迁。工程得到参加ICOMOS会议的国内外专家、国家文物局和兄弟省市领导的高度赞赏,在世界范围内也产生了良好的影响。2006年10月,"人文奥运·盛典西安"大型文化活动在含元殿遗址上举行,并在此举行了国际古迹遗址理事会西安国际保护中心(IICC)的揭牌仪式,揭开了遗址保护利用的新篇章。

国家文物局和财政部在《关于"十一五"期间大遗址保护总体规

西安大明宫遗址保护前

划》中明确提出，要"建设大遗址保护展示示范园区（遗址公园）"。陕西省和西安市政府也都将大明宫遗址保护改造项目列为"十一五"重点项目。为确保遗址的完整性，我们在强力启动大明宫国家遗址公园项目的同时，将遗址及周边区域19.16平方公里的"道北"地区纳入第四次城市规划，进行整体改造。迄今做了五方面工作：

1.组建全新的保护建设机构。

2007年10月，西安市委市政府决定成立西安市大明宫遗址保护改造领导小组，省委常委、市委书记孙清云和市长陈宝根为组长，下设领导小组办公室，由我兼任办公室主任。在充分整合全市优势资源的基础上，委托中国首个国家级文化产业示范区——西安曲江新区全面实施大明宫遗址区保护改造工程，具体负责遗址及周边区域征地拆迁、产业发展、招商引资、规划建设、土地管理和遗址公园建设。

2.划定规划保护改造范围，明确实施步骤。

大明宫整个保护改造规划面积为19.16平方公里，其中国家遗址公园为3.2平方公里，周边改造区域为12.76平方公里。在空间上最终形成一心（大明宫国家遗址公园）、两翼（以火车站北广场为轴心，沿

大明宫遗址
拆迁前

陇海线形成东西大城市改造板块）、三圈（形成未央路、太华路、北二环三个商业圈）、六区（文化旅游区、商贸服务区、商务核心区、改造示范区、中央居住区、集中安置区）。

整个大明宫遗址区保护改造周期为五年，结合申报世界文化遗产，分三步实施完成：

第一步（2007—2008年）：启动大明宫国家遗址公园，完成大明宫国家遗址公园范围内的拆迁；全面启动建设大明宫遗址区保护改造19.16平方公里规划范围内的城市基础设施；

第二步（2009—2010年）：大明宫国家遗址公园建成开放，周边区域开工建设；

第三步（2011—2012年）：全面完成大明宫遗址区域保护改造，初步建成一个功能完备、环境优美、历史文化特色鲜明的现代化城市示范新区。

3.以全新的投融资方式，强力保障遗址公园的建设。

为了强力推进遗址公园建设，我们首先成立西安曲江大明宫投资（集团）有限公司，隶属曲江新区管委会，承担大明宫遗址区19.16平方公里的保护改造的项目招商、投融资、基础设施建设、土地开发和经营管理工作。西安曲江大明宫投资集团公司实收资本50亿元，由曲江新区管委会、曲江文化产业集团、新城区政府、未央区政府、莲湖区政府分别出资；其余所需资金再通过招商、贷款等形式多渠道筹措。国家开发银行、建设银行等企业以不同的方式参与、支持此项目。

4.集中世界智慧，动员全民参与，高标准完成大明宫国家遗址公园的设计工作。

2008年1月24日，改造办举行了"西安唐大明宫遗址保护展示示范园区暨国家遗址公园概念设计国际竞选方案评审会"，国内13位专家对来自8个国家的设计规划团队的方案进行了评审。国内外专家团队的智慧和优秀的设计理念，为大明宫遗址展示示范园区的规划设计提供了科学的理论依据。2008年4月，保护办又与市文物局共同开展了大明宫遗址保护展示示范园区和大明宫国家遗址公园丹凤门、御道、宫墙遗址展示（概念）设计方案国际竞赛活动，拓展了土遗址保护展示思路。2008年8月，由西安建筑科技大学刘克诚教授与以色列乔拉·索拉牵头编制的《西安唐大明宫国家大遗址保护展示示范园区暨遗址公园总体规划》，在反复征求了多位专家学者和国家文物局、陕西

西安麟德殿遗址

省文物局领导的意见后编制完成。此次总体规划涉及考古规划、文物保护与展示、景观及绿化、道路交通组织、主要服务设施、遗址管理等方面，充分体现了新时期文化遗产保护与推进城市现代化生活、调整周边产业结构的新思路，使文化遗产真正成为现代城市的资源，同时也成为人民生活的乐园。总体规划顺利通过了国家文物局组织的专家论证会，并得到专家领导的高度评价。

5.倾全力集中对遗址区实行整体搬迁。

拆迁安置工作在整个遗址公园项目中占有很重的分量。大明宫遗址3.2平方公里内应拆除面积350万平方米，相当于2007年西安市商品房建成面积的一半，涉及89家企事业单位，拆迁户25000余户，10万人口，其规模可谓亘古未有。

四、西安大遗址保护的思路和探索

1.西安大遗址保护的成功与否对丝路申遗的成败有重大影响。

西安是举世公认的丝绸之路的起点，又是新欧亚大陆桥的重镇。西安的大遗址分布广、规格高、类型多样，蕴含着极其丰富的历史文化信息。中国列入丝路申遗计划的48处遗产地中，有12处、20点在陕西，14点在西安。涉及中国古代政治、经济、文化、宗教等各个层面，在整个丝路申遗的链条中，不可或缺，极其重要，也必然事关丝路申遗的成败。

2.西安大遗址分布的规模和格局决定着整个城市文化维度和保护方式选择。

西安的历史文化资源极为丰富，大遗址散布于全市1万多平方公里的各个区域，已经同区域内的社区、村庄、农田、河流、山体融为一体，无法划定一个相对固定的区域，进行集中保护和展示。而简单生硬的搬离或复制，又割裂了遗址的文化脉络，损坏了其文化价值。因此，必须进行整体规划、系统保护。

鉴于西安的大遗址分布的规模和格局，西安的大遗址保护必须朝着"大遗址之城"，甚至设立"大遗址特区"的方向发展。

3.西安的发展现状决定了大遗址保护必须走一条新路。

西安现存的许多大遗址是世界级的，但西安目前只是我国西北内陆的一个人口大市、文化大市，还不是一个经济强市，目前的发展状况和财力状况难以支撑规模如此巨大的遗址保护任务。这些状况注定了西安大遗址保护要走出有自身特色的一条新道路。在这方面，我们已经有了成功的尝试。汉宣帝杜陵的万亩生态林就是通过日元贷款解决的。联合国教科文组织、国际古遗址理事会在大明宫遗址保护、西安博物院等文保项目上都出了不少力。澳大利亚总理陆克文明确表示支持本国公司投资大明宫项目。我们将利用好这一良好势头，拓宽国际平台，促进西安大遗址保护的国际化。

4.保护和展示的理念决定着大遗址保护工作的成败。

在城市化的大背景下，大遗址保护必须跳出就保护而保护的狭隘理念，追求"保护遗址、弘扬文化、传承文明、改善民生"四者的完美结合。首先挖掘大遗址本身的审美价值，克服东方土遗址视觉形象弱的缺点，将其构建成为一道城市文化风景。这种文化风景不但对专家有视觉吸引力，也要让不懂历史的普通游客觉得美、喜欢来。其次，要建得起、养得起，方法越简单，存续越长久。以大明宫遗址公园为例，文物保护及景观建设总投资将达50亿，加上拆迁将达130亿。建成以后维护管理成本预计每年在2亿元左右。要做到运转通畅，活力常葆，不仅要节能、节约、节省运行成本，在管理细节上下工夫，更重要在做好经营策划，出新、出彩，开拓市场，创新运营，调动社会资源来支撑这一体系。

5.西安大遗址保护要顺应城市化发展进程，走多元化、社会化之路。

在漫长的历史变迁中，西安的大遗址有些已成为城市社区、农村、旅游景区的有机构成部分。下一步的遗址保护和园区发展要顺应城市化进程,将大遗址保护和谐融入。基于已有的实践,我们将在周、秦、汉、唐等大遗址的保护中,冲破"划地为城、整体拆迁"的老路,对于处在城市远郊、河流沿线的西周丰镐遗址,将尝试把它与沣河流域综合治理、当地新农村建设结合起来,构建一个集成的大遗址园区。对汉长安城遗址,我们初步设想将城墙一圈展示出来,显现汉城规模,将内部现有的工厂全部迁出,重新规划现有农村,形成"遵循汉制,阡陌交通,耕作生活,现代人居"的保护方式。

五、关于大遗址保护的若干建议

1.加强大遗址保护立法。

针对大遗址保护问题的复杂性和特殊性,国家应该制定《大遗址保护管理条例》,将大遗址保护纳入有法可依、有章可循的轨道。

由于大遗址保护涉及人口调控、征地、移民、拆迁、环境整治、土地利用调整、经济结构调整等复杂问题,国家应该出台配套政策来协调和处理这些问题。

2.为大遗址保护用地开辟"绿色通道"。

建议国家文物局会商国土资源部,尽快为大遗址保护用地开辟

西安长乐宫模式

西安桂宫模式

西安大明宫含元殿遗址
保护后

"绿色通道"，置换土地用途，减少审批程序，解决地方用地额度对遗址用地的过分限制。在土地利用调整方面，理想的做法是把大遗址保护与国家和地区社会经济发展规划结合起来，与国家西部大开发政策结合起来，既可避免重复建设和劳动，又有利于文物保护和土地利用效益最大化。

3.建立和健全大遗址保护财政保障机制。

大遗址保护投入属于国家公益性投入，需要各级政府承担保护责任。建议国家建立大遗址财政保障机制，按照中央和地方财政分级负担的原则合理划分中央和地方各级政府在大遗址保护上的权利、责任和义务，共同在各自的财政预算中为大遗址保护提供必要的经费支持。此外，在大遗址财政保障机制建设方面，可考虑的方案有：建立大遗址保护专项资金；发行国债和彩票；出台鼓励社会积极投入大遗址保护的政策。

4.在全社会范围内设立不同层次的大遗址保护基金。

建议国家文物局利用自身对社会资金的动员能力，倡导并发起国家大遗址保护基金，同时借鉴国外经验，出台相应政策，比如向非盈利基金提供捐助可享受有关税收减免等，鼓励社会组织和个人向遗址保护基金提供捐赠。

5.加强大遗址保护的理论研究和技术研究。

大遗址的保护离不开科学的理论指导和技术支撑，理论研究包括大遗址与经济社会和文化发展的关系、大遗址的价值评估体系和保护状况评估体系、保护规划的指导思想和基本原则等。技术研究包括保护措施、保护技术和方法、工程管理、保护规划技术标准或指标体系、保护工艺和材料等。为了加强我国大遗址的保护，必须大力开展对大遗址保护的理论研究和技术研究，为大遗址保护提供理论和技术支撑。

我相信，在国家文物局和其他有关部门的支持下，在陕西省委省政府、西安市委市政府的领导下，在全体文物保护工作者和建设者的共同努力下，大明宫遗址整体保护和展示工程一定会取得圆满成功，西安市的大遗址保护工作也将由此迈上一个新的台阶。

以上纯属个人观点，请领导和专家批评指正。我的发言就这些。

谢谢大家！

继承和保护中原优秀文化遗产

——为建设中华民族共有精神家园作贡献

中共河南省委常委、郑州市委书记 王文超

尊敬的单霁翔局长，各位领导、各位专家，同志们、朋友们：

很荣幸参加大遗址保护高峰论坛，并就共同推进我国大遗址保护事业发言。

文化遗产是人类了解自身发展的重要线索和物证，是我们今天可以触摸的记忆、可以交流的历史，是人类社会可持续发展的文化基础和巨大财富。党的十七大作出了弘扬中华文化、建设中华民族共有精神家园的战略部署，并指出要全面认识祖国传统文化，取其精华，去其糟粕，使之与当代社会相适应、与现代文明相协调，保持民族性，体现时代性。加强对各民族文化的挖掘和保护，重视文物和非物质文化遗产的保护，做好文化典籍的整理工作。这些重要部署，深刻阐述了做好文化遗产保护的重大意义，为做好文化遗产保护工作指明了方向。

郑州的文化遗产是中华文明史上最璀璨的明珠之一。在中华文明发轫、形成和发展过程中，郑州一直处于政治、经济、文化活动的核心地区，留下了许多重要遗存。目前，郑州各类文物古迹达2400余处，其中国家级重点文物保护单位38处43项，省级重点文物保护单位128

25

处。国家确立的"十一五"大遗址保护规划中，郑州占了5处，包括郑州商城遗址、新密古城寨遗址、巩义宋陵、巩义窑址、新郑郑韩故城，是拥有大遗址数量最多的地区之一。随着近年新发现的新密古城寨、新密新砦、登封王城岗大城、大师姑二里头文化城址的进一步发掘和研究，随着与商城遗址相关联的早商王陵、甲骨坑、车马坑的进一步探索，郑州的文化遗产资源将更加丰厚，其重要地位愈来愈为人们所认识。这些文化遗产的重要价值主要表现在五个方面。第一，郑州是中华民族形成的主源。在全市7000平方公里范围内，先民生活遗迹达数千处之多。这些遗址自10万年前到公元前20世纪，形成了没有缺环的完整发展链条，这在中华民族漫长发展历程中屈指可数。特别重要的是，近年来史学家们经过深入研究确认，被整个华夏民族公认为祖先的轩辕黄帝及其部落就生活和立都在这里，中华民族之根就在郑州。第二，郑州是中华文明诞生的摇篮。早在8000年前，郑州地区就有早期的人类活动；大约7000年前，郑州出现了裴李岗文化；大约6000年前，产生了大河村文化；5000年前，人文始祖黄帝又在郑州出生、创业、建都，肇造了中华文明。高度发达的史前文化和独特的文化交流格局，使我国最早的国家文明在这里诞生，成为夏、商王朝的开国建都之地。第三，郑州是中华文化发展的支柱。在中华文化体系中，郑州既是主要发祥地，又是重要支撑者。在历史发展的长河中，郑州地区逐渐积淀和形成了嵩山文化、黄河文化、黄帝文化、商都文化、诗词文化等丰富多彩、厚重瑰丽的文化，造就了黄帝故里、商城遗址、宋陵、巩义窑址、杜甫故里、少林寺等一系列人文景观，诞生了管子、列子、韩非子、杜甫、白居易、李商隐等一大批具有巨大影响力的历史文化名人。第四，郑州是中国城市文明的滥觞。西山仰韶文化晚期古城是我国最早的版筑古城，被誉为"中华第一城"。新密古城寨、登封王城岗、新密新砦、大师姑二里头文化城址、郑州商城和郑韩故城，构成了我国古代城市发展演进的完整链条，奠定了中国数千年城市营

郑州商城遗址

造技术传统和营造制度。郑州商城遗址不仅是目前发现的我国最早、保存最完整的王朝都城遗址，而且从商至今历经3600年，城市基址从未迁移，城市文明从未中断，是研究城市发展史的活化石。第五，郑州是中国建筑艺术的殿堂。郑州的古代遗存星罗棋布。五千年未倒的墙体，四千年屹立的古城，汉代石阙，北魏砖塔，唐朝窑洞，宋金殿堂，元代观星台，明清庙宇，形成了全国仅见的时间跨度最长、建筑种类最丰富的古代建筑博览长廊。这些建筑代表着中国古代礼制、宗教、科技和教育等各种建筑类型的最高水平，综合体现了东方文化的悠久历史和突出成就。

郑州历史文化遗产尤其是其中的大遗址，在中华文明发端和形成过程中具有特殊地位，它们不仅仅属于郑州，而是属于整个中华民族，属于全人类。保护好这份特殊的遗产是历史赋予我们的神圣使命。近年来，在国家文物局等有关文物部门的指导和支持下，我们坚持以科学发展观为指导，坚持科学保护、合理利用，在文化遗产保护方面取得了初步成效。

一是深入贯彻落实科学发展观，提升和改进文化遗产保护工作。近年来，我们根据科学发展观的要求，重新审视文化遗产保护工作，确立了新的发展思路。工作中，注重处理好保护为主与合理开发的关系，分期分批、有重点地开发文化产业品牌。注重处理好社会效益和经济效益的关系，把开发重点放在挖掘内涵、提升品位上，把文化优势转化为产业优势，实现文化遗产资源社会效益和经济效益的有机统一。注重处理好传统文化和现代文化的关系，运用现代知识诠释传统文化内涵，利用科技手段展示传统文化个性，在开发新兴文化产业中赋予文化遗产新的生命。

二是完善法律法规，编制保护规划。我们在 2006 年编制《郑州市"十一五"规划》和今年初修订《郑州全面建设小康社会规划纲要》时，充分考虑了文物遗产保护、开发、利用的实际情况，统筹进行了规划部署。先后制定颁布了《嵩山历史建筑群保护管理条例》、《郑州商城保护管理规定》等一系列规范性文件，成立文物稽查大队，加强文物保护法规体系建设和文物保护行政执法工作。坚持规划先行的理念，委托专业部门对大遗址编制保护规划，并严格实施。坚持文物和城建规划部门结合，对城市拟建区开展主动的文物调查，编制区域文物保护规划。到 2010 年，将完成全市三分之一省级以上文物保护单位保护规划编制工作，完成我市列入国家大遗址保护规划的 5 处大遗址的文物保护立法工作，逐步建立起较为完备的文化遗产保护法规体系。

三是加大保护投入，夯实文物保护工作基础。郑州市委、市政府高度重视文化遗产保护工作，不断加大对文化遗产保护工作的支持和投入力度。在全国压缩事业单位编制情况下，我们将郑州市文物考古研究所进行了升格和扩编，在全市建立县、乡、村三级文物保护网络。同时，加大文物保护经费投入，近年来先后投资近 4000 多万元新建了郑州市博物馆新馆，投入 3000 万元维修郑州城隍庙、重修郑州文庙。

启动"郑州商城遗址保护及环境整治"项目，总投资近10亿元。在北宋皇陵区安装现代化防护装置，全面监控陵区内的一切声音和图像，开创了我国田野文物保护的新路子。加大对嵩山历史建筑群的保护力度，2006年4月启动嵩山历史建筑群申报世界文化遗产工作，先后投入7亿元用于嵩山历史建筑群的环境整治和文物本体保护，已经取得显著成效，在世界遗产组织现场考察评估中，得到专家们充分肯定。

四是围绕文化遗产保护，实现城市环境协调发展。郑州市列入国家大遗址保护工程的5处大遗址中，有4处位于城市发展中心区。我们把大遗址保护和城市发展有机结合，促进城市布局优化和功能完善，有效改善了人居环境。编制郑州商城总体保护规划时，在坚持保护为主的前提下，贯彻了商城遗址保护和郑州老城区发展相互促进的理念，对商城遗址附近的历史建筑城隍庙和文庙同时进行规划，投入大量资金进行大规模维修，并在附近规划了14万平方米的商都博物院和郑州市文物考古研究院。同时，加大旧城区改造力度，原则上对城墙以内

郑韩故城

全部进行改造，并规划建设一些能体现商都历史文化的建筑。随着规划的实施，郑州商城遗址所在老城区的城市面貌正在发生巨大变化，将成为全市环境最为优美、文化氛围最为浓厚的历史文化区域和郑州文化地标。

五是科学利用遗址价值，提升城市文化品位。我们在小心翼翼对文化遗产实行保护的同时，大胆创新工作思路和举措，把重点放在内涵发掘和精神塑造上，提升了城市文化品位。2006年以来，我们实施了以八项重点工程为主要内容的跨越式发展三年行动计划，其中文化建设工程包含了多个文化遗产保护、开发和利用项目。对每一个项目，我们成立了专门指挥部，明确具体的牵头领导和责任人，制订工作计划，加大推进力度。这些项目中，嵩山实景演出项目、炎黄二帝巨塑及炎黄广场、黄帝故里修缮扩建等已经完成，嵩山历史建筑群申报世界文化遗产工作进展顺利，商城遗址公园、大河村原始文化生态园等项目正在加快建设，其中郑州商城遗址公园年底前完成城墙本体保护工程。《郑州沿黄文化旅游生态战略规划》已通过专家评审，总投资800多亿元，这一规划以黄河文化为核心，布设了历史文化区、都市文化区和生态文化区，将打造成为国内外知名的旅游目的地，成为展示中华文明和黄河文化的重要窗口。目前，我们以历史遗存为基础开发的黄河文化、嵩山文化、商都文化和黄帝文化，已经成为郑州城市文化名片。特别是一年一度的黄帝故里拜祖大典，吸引了越来越多的海内外炎黄子孙前来寻根谒祖，在国内和国际上都产生了深远影响。大型原创舞剧《风中少林》和《云水洛神》、实景演出《禅宗少林·音乐大典》已成为名扬海内外的文化品牌。我们相信，通过不懈努力，郑州文化遗产特别是大遗址保护将不断开辟新的境界，创造新的辉煌。

文化遗产中的大遗址，作为珍贵的历史记忆，作为我们共同守望的精神家园，需要我们对其有更深刻的理解，需要有今天意义上更完整、更精到的诠释。借此机会，我向论坛提四点建议与大家交流。

一是大遗址应当实施开放式保护。大遗址保护是一项牵涉多门学科的综合工程，要求我们把它作为一个开放的系统来谋划。要树立文化遗产是全社会的遗产，文化遗产的保护也必须由社会全体成员来承担的理念，积极倡导多部门广泛参与和密切合作，动员社会各方面力量投入到大遗址保护工作中来。尤其要加强大遗址保护相关法律和政策研究，解决好大遗址保护的资金支持问题，开辟资金多元化筹集渠道，使大遗址保护工作走上更广阔的发展道路。

二是大遗址保护应当突出重点。我国的大遗址数目众多，而且大都规模巨大，面积从几平方公里到上百平方公里。而目前我国还是发展中国家，国力不甚雄厚，在这种情况下，大遗址保护不宜四面开花，不能片面追求轰轰烈烈的场面，而应以灵活、理智、审慎的态度，统筹规划，分步实施，首先集中力量对重点遗址的重点部分开展工作，保护和展示其中最具代表性的精彩华章。

三是大遗址保护应当激活湮灭的历史。大遗址保护最重要的目的在于传承文明，让公众了解大遗址所传达的历史信息和文化内涵。要高度重视大遗址的展示系统，积极探索丰富多彩的大遗址展示方式。位于城市中心区的大遗址，除了遗址区本身的展示外，还要在整个城市规划中设计大遗址的视觉形象系统，可以通过立碑、雕塑等方式讲述历史事件和历史人物故事，让历史"活"起来，让人们能够走进历史，实现与历史的对话和交流。

四是大遗址保护必须走法制化的道路。文化遗产特别是大遗址都有其独一无二的历史价值，继承和保护都要严格遵守其特定的规律，在严肃、严密的法律法规框架内进行。要进一步提升大遗址保护规划的法律地位，大遗址保护规划应由地方人大审议通过，获得和城市发展总体规划同等的法律约束力。重要的大遗址都应制定单独的保护管理规定或条例，使大遗址保护管理有法可依。

各位领导、各位专家，各位朋友，这次大遗址保护高峰论坛，汇集了很多专家学者和各界嘉宾。大家聚集一堂，共襄盛会，共谋良策，对我国大遗址保护事业必将起到积极的推动作用。我们将抓住这一难得的机遇，虚心学习兄弟城市的好经验、好做法，进一步解放思想，创新工作，为保护和弘扬祖国优秀文化遗产、建设中华民族共有精神家园做出新的更大的贡献。

诚挚邀请各位领导、各界宾客到郑州考察指导工作。祝大遗址保护高峰论坛圆满成功！

大遗址保护高峰论坛文集

加强大遗址保护
打造文化洛阳

中共河南省委常委、洛阳市委书记　连维良

尊敬的单局长，尊敬的各位领导、各位专家、同志们：

非常荣幸参加在古都西安举办的大遗址保护高峰论坛。借此机会，我就洛阳市在文化遗产保护特别是大遗址保护方面所做的工作和一些体会感想，向各位领导、各位专家以及各兄弟城市的代表作一简要汇报。

一、大遗址保护是人类文明传承的重要载体

大遗址是中华5000年文明史的历史见证。洛阳作为华夏文明的摇篮、河洛文化的发祥地，以4000多年的城市发展史和1500多年的建都史，成为首批国家历史文化名城和享誉中外的著名古都。特别是在洛河沿岸、东西不足50公里的范围内，分布着二里头遗址、偃师商城、东周王城、汉魏故城、隋唐洛阳城以及邙山陵墓群等6处大型遗址，密度之高、规模之大、时间跨度之长，在世界范围内都极为罕见，具有极高的历史地位和学术价值。这些大规模历史遗存，是我国早期都城遗址最杰出的代表和中华五千年文明最重要的物证，一方面直接揭示了中华民族和文明的起源与发展；另一方面，也为人类文明进步作出了巨大贡献，特别是在构建和谐社会进程中，既为我市经济社会全面

协调发展提供了强大的精神动力，也为洛阳实现文化大发展大繁荣、促进经济又好又快发展提供了重要载体。

近年来，洛阳市大力实施"文化强市"战略，进一步加强了文化遗产特别是大遗址保护，无论是重大项目建设，还是城市发展，始终把大遗址保护放在第一位，始终做到避开大遗址核心区域，努力实现城市建设和文化特色的融合、经济发展和文物保护的共赢。全市经济社会持续快速发展，城市建设日新月异，人居环境显著改善，城市文化品位明显提升，先后荣膺中国优秀旅游城市、国家园林城市、国家卫生城市、中国十佳魅力城市、欧洲人最向往的城市和全国人居环境范例奖城市等称号。

二、大遗址保护是地方政府肩负的重要职责

历史文化遗产是人类共同的财富，保护文化遗产、利用文化资源，是我们肩负的重要历史责任。近年来，洛阳以打造特色突出的文化强市为总体要求，努力探索新形势下保护文化遗产的新思路、新途径，特别是在国家文物局和文物专家的悉心指导和大力支持下，我们正确处理文物保护与经济发展、城市建设的关系，全面启动洛阳片区大遗址保护，使大遗址环境整治、保护展示和考古调查都取得了实质性进展。我们的体会是：

政府重视是前提。国家首批确定的 36 处大遗址中，洛阳有 4 处，洛阳片区大遗址保护还被列为全国大遗址保护的重大项目和重点工程。为加强对大遗址保护工作的领导，成立了由市委、市政府主要领导任组长的大遗址保护工作领导小组，下设大遗址保护办公室，具体负责全市大遗址保护工作。去年 9 月，市委、市政府决定投资 2.7 亿元，开始隋唐城遗址整体保护工作，并成立专门的拆迁整治工作领导小组，启动了宫城核心区域拆迁整治。目前，宫城核心区域 145 亩土地已划归文物部门管理使用，区域内 17 家单位已拆迁完毕，累计拆迁 5.3 万平方米，预计年底可全部拆迁整治完毕。以地方立法形式出台了《汉

魏故城保护条例》和《隋唐洛阳城遗址保护条例》,《邙山陵墓群保护条例》和《偃师商城遗址保护条例》也正式列入 2008 年度省、市人大立法项目,大遗址保护将进一步纳入法制化轨道。

规划先行是保障。20 世纪 50 年代,在编制一期城市总体规划时,我市采取"避开老城建新城"的思路,跳出隋唐洛阳城、东周王城和金元旧城三大遗址,在文物古迹少的涧西平原地区集中建设工业区,既保护了重大历史遗迹,又拓展了城市空间,创造了全国著名的"洛阳模式"。在三期城市总体规划中,我们采取跳出隋唐城向南发展的城市发展思路,将 22 平方公里的隋唐城里坊区作为非建设用地,提出以洛河为轴线洛河南北对称发展,跨越洛河和隋唐城遗址建设新区的城市发展新格局。正在编制的第四期城市总体规划明确提出要发挥洛阳工业与科研基础优势、文化遗产和旅游资源保护利用的特色,全面实现产业结构优化升级,建成中西部地区最佳人居环境城市和中原明星、国家名城、产业高地、旅游胜地的发展目标。通过避开北部邙山陵墓群和东部汉魏故城,跨越伊河向南发展,有效解决了文物遗迹保护制约城市发展空间的问题,形成了洛阳特有的城市规划形态和布局。

投入到位是关键。洛阳片区大遗址多位于城市建成区或城乡结合部,在 540 平方公里的建成区内,古代城址就占 110 平方公里,由于历史原因,相当多的城址被现代建筑叠压,保护难度大,资金需求大。自 2006 年以来,我市累计投资 8000 余万元,对隋唐城遗址保护范围

洛阳隋唐洛阳城工程核心区拆迁示意

内的村民和乡镇企业实施整体搬迁，拆除不协调建（构）筑物 5 万余平方米；投资 2.8 亿元建成了由 28 个专类园组成、占地近 3000 亩的隋唐城遗址植物园。按照突出重点、分步实施的原则和国家文物局的要求，我们在做好隋唐城里坊区保护的同时，启动了隋唐城宫城核心区明堂、天堂、应天门等重要文物遗迹的保护展示，并结合大遗址和工业遗产保护，斥资数亿元，整体搬迁洛玻集团，彻底解决不合理占压隋唐城宫城核心区重要遗迹的问题，使九洲池等重要文物遗迹和明堂天堂区域成为一体，精心打造大遗址保护和工业遗产保护相协调的文化展示示范园区。协调大遗址保护用地 1100 余亩，积极推动汉魏故城、偃师商城、邙山陵墓群等大遗址保护前期征地、环境整治和本体保护等工作。

洛阳片区大遗址具有丰厚的文化积淀，深入挖掘其文化内涵，加大开发展示力度是我们的重要责任。目前，定鼎门、闾阖门以及偃师商城西城墙保护展示工程已开工建设，与之相关的大遗址展示示范园区正加紧实施。为增强隋唐城里坊区展示效果，去年我市决定投资 3.5亿，规划建设 4.2 万平方米的洛阳博物馆新馆，计划明年 4 月建成开放，大遗址保护展示步伐将进一步加快。

三、大遗址保护是城市发展进步的永恒课题

文化是城市的灵魂，是城市竞争力的重要体现。伴随城市现代化和农村城镇化步伐的加快，有效保护文化遗产和科学把握城市发展方向，将成为城市发展进步的永恒课题。下一步，我们将从以下几个方面强化大遗址保护：

一是进一步提高认识。面对十七大提出的实现"文化大发展大繁荣"的新要求，肩负省委、省政府提出的"文化大省向文化强省跨越"的新使命，我们将利用多种形式，开展集中宣传，着力提高人民群众对大遗址保护的自觉性，在全社会营造依法保护祖国文化遗产的良好氛围；着重调动和引导社会各界保护文化遗产的积极性，鼓励和支持

社会力量进入文物保护领域，形成全社会共同参与的新机制。

二是进一步创新思路。随着经济社会的快速发展，文化遗产作为城市名片效应越来越显著；假日经济的开辟，文化遗产优势的进一步发挥和延伸业务的拓展，都给当前文化事业和文化产业的发展与创新提供了新的平台和发展空间。作为文物大市、历史文化名城，我们将进一步转变观念，创新方法，把大遗址保护同旅游和文化产业发展结合起来，同旧城改造、改善当地群众生产生活结合起来，让大遗址保护的成果惠及社会，使大遗址保护成为文化大发展大繁荣、促进经济社会又好又快发展的积极力量。

三是进一步突出重点。紧紧抓住国家实施大遗址保护的机遇，把隋唐城宫城核心区拆迁整治工程和洛玻整体搬迁作为当前重要工作抓紧抓好。切实抓好丝绸之路、大运河沿线重要文物遗迹的保护，确保成功申报世界文化遗产。进一步加快发展文化产业，积极推进龙门石窟、隋唐城、汉魏故城和小浪底西霞院四个文化产业园区建设，为文化强市战略注入新的活力。

城市是高层次的自然与人文结合物，和谐的文化环境是城市的灵魂。洛阳市委、市政府将在国家文物局的正确指导下，以本次论坛为契机和动力，积极借鉴各兄弟市的先进经验，更加注重对文化遗产、绿色空间、自然山水以及生态廊道的保护，力争通过5年的努力，建成3—5处大遗址保护示范园区，着力打造生态和谐、景观优美、文化深厚、古今辉映的现代化城市。

借此机会，诚邀各位领导、专家和同志们到洛阳检查指导工作。谢谢大家！

加强大遗址保护 打造文化洛阳

敬畏历史文化遗产
忠守时代赋予天职

——无锡大遗址保护利用的探索与实践

中共江苏省委常委、无锡市委书记 杨卫泽

尊敬的各位领导，女士们、先生们、朋友们：

很高兴参加"大遗址保护高峰论坛"。在这里，我抛砖引玉，把无锡近年来在新一轮城市有机更新和转型发展中不遗余力做好大遗址保护工作，突出彰显这座历史悠久的江南名城深厚的文化底蕴方面的探索和实践，向各位领导和专家作一汇报，敬请指正。

人类的起源、文明的起源、城市的起源，历来都是史学界、考古界、文博界所关注的课题。每次考古的新发现，或是填补历史的空白，或是重新改写历史，学术研究也随之推出新的成果，为今天人类社会的发展和文明进步、文化创新增强自信和动力。同样，一个城市要彰显自身的文化底蕴和魅力，也必须探索自身的发展源头。

无锡，别称梁溪，地处太湖之滨，历史悠久，人文荟萃。长江、太湖、运河等众多文化形态在这里交汇相融，吴越文化在这里碰撞咬合。这里延续着3100多年的文字记载史和2200多年的建城史，是国家历史文化名城。这里是吴文化的发源地，近代中国民族工商业的发祥地和当代乡镇企业的诞生地，古代文明与现代文明在这里交相辉映。据2007年统计，无锡主要经济指标均居国内大中城市前10位，有"太湖明珠"的美誉。这里有璀璨丰沛的文化遗产，拥有全国重点文物保护单位15处、省级文物保护单位58处、市级文物保护单位285处，77项非物质文化遗产分别被列入国家、省、市非物质文化遗产保护名录。进入新世纪以来，无锡市文化遗产保护进入了历史上最好的时期，仅2008年，全市有28项文化遗产保护项目启动建设。

保护城市历史文化遗产，必须从源头上做起，而这一点常常为我们所忽略，常常只看到身边有形的文化遗产，忘记埋藏在地下的文化遗址、遗存和珍贵文物，缺少应有的发掘和保护。对于地处江南水乡的无锡而言，地下文物一直较为匮乏。这几年我们加强了这方面的工作，先后组织了二十多次田野考古，随着鸿山遗址的发现、阖闾城遗址的勘探，拨开了历史的迷雾，对无锡城市发展历史的起源有了明确的界定，无锡作为吴文化发源地的历史地位有了坚实的史料支撑，也为今天城市的有机更新和文脉清晰延续找到佐证。在对大遗址保护的探索与实践过程中，我们对历史文化遗产保护的责任性和自觉性也不断得到提升。

一、认真梳理，把握无锡遗址的基本特点

为了探究无锡这座历史文化名城的起源，确立她在吴文化中应有

无锡鸿山

鸿山遗址发掘现场

的历史地位，我们对无锡现有的遗址遗存作了认真的梳理，研究把握它的基本特点。

1.遗存众多

大遗址是指文化遗产中规模特大、文物价值突出的大型文化遗址、遗存和古墓葬。无锡遗址遗存众多，拥有反映江南地区典型新石器时代文化的彭祖墩遗址、反映崧泽文化的仙蠡墩遗址、反映良渚文化的高城墩遗址、反映马家浜文化的赤马嘴遗址、反映吴越文化的鸿山遗址、反映吴国历史的阖闾城遗址、反映东汉文明的牛塘龙窑遗址、反映无锡民国窑业发展的大窑路窑群遗址等等，仙蠡墩遗址公园和高城墩遗址公园已建成开放。

2.价值突出

专家们一致初步认定无锡阖闾城遗址为春秋时期吴王阖闾的都城，是长江下游地区都城遗址考古研究的首次突破，对春秋时期吴国都城遗址的首次确认，填补了春秋时期诸侯国都城考古的空白，奠定了无锡吴文化发源地的中心地位。对鸿山遗址的考古发掘，出土2500多件文物，超过了越文化领衔之地浙江省建国以后考古成果的总和，把中国瓷器历史推前了700多年；发现了运用微雕工艺制成的玉飞凤等玉器，为国内最早的微雕玉器；出土了成套成组的乐器多达500余件，为国内首次发现的完整性的古代乐器。无锡江阴高城墩、鸿山遗址被列为全国十大考古新发现，无锡宜兴骆驼墩遗址被中国社科院公布为六大考古重大成果之一。

3.具有稀缺性

遗址所保存的文化信息、自然环境以及它所蕴含的精神文化都具有自己鲜明的特色。这就决定了它在科学研究和艺术价值方面具有不可替代的功能。它的独特性意味着它是唯一的、少有的,从而使它显得珍稀,具有不可再生性,意味着一旦遗址毁坏,它的全部物质和文化信息以及所保存的历史痕迹将永远消失。

二、以敬畏的态度,推进大遗址的保护

历史文化遗产中,蕴藏着先人对自然奥秘的探索,既有物质的创造,也有文化精神的积淀,大量的信息会给我们宝贵的启示。我们今天的一切创造,都是站在前人肩膀上的发展,不懂得继承,就谈不上发展。遗址、遗存是一个城市宝贵的、不可多得的财富,

在城市更新与城市转型发展过程中,我们以敬畏的态度看待历史文化遗产,贯穿落实科学发展观,认真算好三笔账。

第一,算好眼前账和传承账。一个地区保有历史遗址是这个地区的幸事,而不是包袱。要看到遗址是重要的文化遗产,在弘扬地域优秀的传统文化,加强爱国主义教育,促进文化传播以及带动当地文化遗产保护事业中起到重要的引领作用。一个不珍惜历史的地区是不可能发展今天,更不可能发展美好的明天。

第二,算好经济账和发展账。要以科学发展观的态度来看待遗址保护,不能简单地从眼前利益的得失来决定遗址的命运,要看到遗址是无锡地区的重要文化资源,将为无锡的文化、旅游、生态、农业结构调整、现代服务业发展等提供契机,为带动地方相关产业的发展,有效促进地方和谐社会的建设提供强大的动力。

第三,算好局部账与大局账。遗址的保护,如果仅仅从一个区或一个乡镇来考虑,可能会带来有无保护必要、有无建设必要的顾虑。但是,如果放到整个城市建设和发展大局中,大遗址的建设将会为无锡的经济社会发展带来新的机遇,对整个城市发展、布局和功能转换起

鸿山遗址博物馆

着引领性的作用。

2003年，无锡新区鸿山镇按区域功能规划要求，招商引资建设国际家具城。在基础设施建设过程中，发现了零星文物，当地群众第一时间向文物部门提供了线索。2004年，经国家文物局同意，组织了联合考古队对施工现场进行了抢救性考古发掘，2004年底，抢救性考古工作基本完成。按常规而言，鸿山国际家具城即可全面建设，出土文物即可在投资9亿元新建的无锡博物院得到较好的收藏、展示和研究。面对众多的珍贵文物，面对周边还有同类的墓葬，在感到兴奋的同时，也产生了一些困惑：第一，遗址进行的是抢救性考古，考古已告一段落，家具城也依法完成了前期的筹备工作，若保护遗址，让家具城撤离，前期所做的道路等基础性建设工程都将报废，还要按合同赔偿投资商5000多万。第二，遗址位于无锡国家级高新技术开发区内，集聚了1500家外资企业，地块价值已达几百万一亩，把寸土寸金的开发区作为遗址保护，这笔经济账是个天文数字，况且，对保护范围心中还无底。第三，鸿山遗址刚刚被发现，价值还没有得到国家和省文物部门的相应认可，甚至还不是无锡市级文物保护单位。对于是否要保的问题，上级文物部门也还没有明确的指导意见，对于采取何种有效的保护方式，还不得而知。

无锡市委、市政府和新区、市各有关部门算起了"三笔账"，统一思想，形成共识，在国家高新技术开发区开展大遗址保护，把鸿山遗址建成为遗址公园。2005年3月底成立了无锡市鸿山遗址保护建设领导小组。同年5月，国家文物局单局长亲临遗址现场踏勘指导，希望鸿山遗址规划建设体现国际一流理念，成为中国大遗址保护的典范。在国家文物局的直接关心和指导下，鸿山遗址由此从抢救性考古发掘转入科学性考古发掘，从被动保护进入主动保护。2006年被国务院公布为第六批全国重点文物保护单位。2006年底，被列为国家大遗址保护项目。在三年不到的时间里，无锡完成了大遗址保护规划，基本完成了遗址博物馆的建设，启动了环境控制区农业生态结构调整工程，一座严格按照大遗址保护规划，体现国际先进保护理念，结合当地社会经济发展趋势的大遗址保护项目已初现端倪。

三、谋求多方共赢，实现大遗址的科学保护利用

大遗址保护投入资金多、建设规模大、质量要求高，无锡没有这方面的经验。为了科学地建设大遗址，我们先后组织了多批考察团赴国内外吸取大遗址保护先进经验。经过考察，对大遗址保护我们努力"寻求两大契合"、"形成三点认识"。

寻求两大契合，即：第一，寻求大遗址保护与当地社会经济发展相契合，使遗址保护成为当地政府的文化、生态和旅游工程。要把遗址保护工程当作最大的文化工程来抓，把文物保护和生态保护相结合，将生态保护和环境规划、生物多样性保护、土地利用规划、旅游发展等协调一致，充分发挥大遗址的综合效益，使遗址成为不可多得的城市景观，成为新的旅游增长点、现代服务业的高地和文化产业的窗口。第二，寻求大遗址保护与当地群众致富相契合，使遗址保护成为当地农民的致富工程。在大遗址保护规划中，对不同区域的农户和居民采

敬畏历史文化遗产　忠守时代赋予天职

43

取不同的搬迁措施：在保护核心区，把搬迁的农民变成城市居民，对中青年人员安排就业，其住宅向镇区集中，并提供高于城区的住房条件，享有同城市居民相同的基本保障；对文物保护区实行疏散人口的政策，以减轻对文物本体保护的压力；对留下来的农户实施再就业，引导他们积极参与到大遗址公园利用中去，发展文化休闲、水上旅游及农家乐；对风貌协调区的居民，原则上不搬迁，结合社会主义新农村建设，对村容村貌进行整治，并进行农业结构调整，向高效农业发展，让留下来的人的收入能得到不断增加，生活得到不断改善。

形成三点认识，即：一是大遗址保护首先是文物保护，但并不能死保，要充分发挥文化遗产在社会发展中独特资源的作用，要为社会经济发展服务。二是大遗址保护绝不是建个博物馆，更多的是要保护遗址的文化生态环境，在文化空间中呈现文物本体所特有的魅力和价值所在。三是大遗址保护绝不是单一的文物保护项目，它是涉及当地经济社会发展的一个系统工程，要体现对社会经济的推动，有利于老百姓生活的提高。

为此，我们确定了"坚持科学发展观，谋求多方共赢"的保护思路，并着重做了以下几项工作：

一是开展全面普查。2006年，我们组织了多支考古队对鸿山遗址范围内所有土墩的情况进行调查摸底，调查遗址范围内的村庄、人口及企业、农作物、水生物等各项指标，对河道、湿地、土地等地理资源也进行普查，全面掌握第一手资料，详细掌握遗址分布情况，为后期科学规划提供依据。2007年3月至2008年4月，我市按照国务院《关于开展第三次全国文物普查的通知》的要求，聘请了江苏省考古研究所所长张敏先生为领队，抽调无锡方面考古精干力量，根据普查工作的技术标准和复查要求，分三个阶段组织考古复查组对阖闾城遗址勘探复查，完成阖闾城复查技术数据的采集工作，获取了重要勘探资料及新发现。

二是开展全面调研。在作好文物本体保护调研的基础上，为合理有效地利用大遗址及其周边环境资源，我们专门请北京、深圳等地知名的旅游策划单位，依据大遗址保护总体规划提出旅游发展方案，请南京农业大学提出农业结构调整方案，请水利部门做了水系整治方案，请农业部门做新农村建设方案，为建成大遗址公园后的利用作出科学评估。

三是开展全面规划。鸿山遗址、阖闾城遗址保护规划都是邀请中国建筑设计研究院陈同滨担纲总体规划设计，同时提出"以总体规划为龙头，各项子规划同步全面编制"的总体要求，从土地、生态、文化三种资源的综合保护和利用的角度，对遗产保护、生态保护、旅游休闲、民俗文化四项功能进行规划，力求在充分保护遗址本体及其环境的前提下，实现遗址文化价值的可持续合理利用。我们聘请一流专家担纲鸿山遗址保护规划子规划的编制，崔恺负责博物馆规划，浙江园林设计院负责湿地设计方案，中国建筑设计研究院负责博物馆环境设计方案，并委托陈同滨担任子规划的把关人，确保子规划符合总规划的要求，不走样、不偏题。到目前为止，已投资500多万完成各类子规划达8项。与太湖保护区规划建设相衔接，我们将对包括吴国都城阖闾城、龙山冢群、龙山山脉、石城、练兵处等连片区域进行整体规划保护，其中包括对文化遗址、遗迹的保护，对自然风光的保护和对非物质历史文化的挖掘，以及区域开发和历史文化的协调。

四是开展全面建设。遗址保护不但要对文物实行保护，更要着力于通过工程的建设，带给当地社会经济发展新机遇，让当地老百姓得实惠。2007年投资2.5亿，实施了鸿山遗址博物馆、鸿山农庄、农业结构调整和环遗址公路等三大工程建设。尽管启动建设才一年，已初见成效，得到了领导、群众、专家三方满意，调动了各方参与的积极性。2008年再投资3亿元，全面实施大遗址本体保护和文化生态环境建设工程。进而用3至5年时间，总投资达15亿元，基本建成占地面积7.5

敬畏历史文化遗产　忠守时代赋予天职

平方公里的大遗址保护工程。我们积极创新阖闾城大遗址保护的模式，将大遗址保护与经济发展相结合、与太湖湾生态修复相结合、与改善人民生活相结合、与生态保护和农业产业结构升级相结合，将生态保护和环境规划、土地利用规划、旅游发展等协调结合起来，严格按照规划要求，有序、合理推进遗址保护建设，使其能长久地发挥在经济、社会、文化等各方面的巨大效益。

四、以永续利用为目标，实现保护理念的不断创新

大遗址保护的目的是为了文化遗产的永续利用，需要一个持续保护的理念和科学保护的措施。对此，我们进行了一些创新和尝试。

第一，领导体制的创新。无锡对鸿山遗址保护实施了市区联动，以区为主的领导体系。市委明确一位副书记担任项目联系人，市政府明确一位副市长担任鸿山遗址保护建设领导小组组长，市文化遗产局负责业务指导，市发改委、规划、建设、水利、国土、农业、交通等相关部门参加，解决市级层面协调事宜。新区作为责任主体，明确一名副主任集中精力负责大遗址建设，并建立了吴越文化保护利用办公室，办公室主任兼任鸿山镇党委副书记，大量的矛盾和问题在一线得到及时有效的解决。同时分解项目，如鸿山遗址一期工程中，博物馆工程由新区城市建设公司负责，环遗址公路由新区建设局负责，鸿山农庄由鸿山镇党委和政府负责；阖闾城遗址涉及两个区，对阖闾城遗址保护建设的组织领导，我们主要是将阖闾城遗址保护工程确定为文化重点工程项目和市主要领导挂帅联系的文物保护工程项目，成立了阖闾城保护领导小组，建立协调工作机制，市区联动，形成合力。实践证明，领导体制的创新，是又好又快地建设大遗址保护工程的重要保障。

第二，投资主体的创新。近几年来，无锡对文化遗产保护投融资进行了积极的探索和实践，走出了一条政府为主导，社会各界参与的路子。"十五"期间，文化遗产保护经费每年投入为1亿左右，进入"十一五"后，每年投入达5亿左右，基本上市级财政、区（乡镇）级财

政和社会资金各占三分之一。以2008年为例，市级财政投资无锡博物院、惠山祠堂建筑群等3个亿，各区财政投资中国乡镇企业博物馆、鸿山遗址、孙冶方故居、薛暮桥故居等约4个亿，社会各界如城投公司的何振梁与奥林匹克馆约2000万，古运河公司的清名桥及沿河建筑约2亿，金科公司的开源机床厂工业遗产约2000万，等等，也是3个亿。去年，无锡在全国成立了首家文化遗产保护基金会，公募基金2400万元，从企业参与走向了民众参与。在鸿山遗址保护中，我们也积极进行投融资主体的创新。在一期工程中，区级财政投资8000万元建设遗址博物馆及占地350亩的环境工程，在环境控制区吸引社会资本介入，鸿山都市生态农业发展公司投资6000万元，建设1200亩鸿山农庄。在二期工程中，区级财政将投资3亿，实施本体保护及文化生态保护，在环境控制区将引进一批社会资本，进行农业结构调整，发展高效农业。同时，通过土地流转，支持当地农民投资或参股，种植葡萄、玫瑰和苗木等；在三期工程中，以规划来招商引资，在风貌协调区适度发展农业旅游、生态旅游。

第三，发展思路的创新。一是在文化内涵上，遗址公园不仅要充分凸现历史文化内涵，还要兼顾当地文化环境。在鸿山遗址建设中，还将糅合江南水乡的桥文化、水文化、农耕文化、民俗文化和民居文化，使遗址公园充满地域文化元素和气息。在阖闾城的建设规划中，拟将阖闾城遗址建设成为吴国都城（阖闾城）遗址公园，成为灵山景区与惠山蠡湖景区之间重要的节点景区，成为太湖生态博览园的重要人文景观线。二是博物馆的展览布局上，我们一改遗址博物馆仅是出土文物展览的模式，在鸿山遗址1万平方米建设中，设立一址两馆，即邱承墩遗址展示厅、遗址博物馆和吴文化博物馆。之所以设置吴文化博物馆，主要是让观众走进遗址博物馆前，先对吴越的历史有一个基本的了解，做好铺垫。三是大遗址功能设置上，呼应城市建设，为当地社会经济发展作出贡献，为当地百姓生活提高作出努力，寻求生态建设、文化建设、农业建设、旅游建设等方面的结合。

鸿山遗址、阖闾城遗址的发掘与保护的整个过程，是一堂生动而深刻的历史文化课，它提升了我们的文化理念，让我们用辩证思维的方式去看待城市发展中的各种矛盾，从立足于创新发展的角度，去平衡、协调、解决好各种矛盾。认识统一了，干部群众的心就凝聚在一起，体制机制创新了，各方面的积极性就调动起来了，从政府的主导变成社会企业和广大民众的积极参与。这个实践探索的过程，就是对科学发展观深化认识和落实的过程。

各位领导、专家，同志们，对历史文化遗址的保护和利用，无锡刚刚有了一个良好的开端，所取得的一点成效，是仰仗于国家文物局、省文物局以及众多文物专家、学者的支持和襄助，对此，无锡人民将铭记在心！在保护历史文化遗产中，我们提出"护其貌，显其颜，铸其魂，扬其韵"的12字方针，但是要做到很不容易。我们知道文化大繁荣不是一蹴而就，需要做长期艰苦的努力，为此，我们希望各级领导、各地的专家、学者和朋友一如既往地支持和帮助我们，让我们携起手来共同为保护历史文化遗产，为弘扬中华民族五千年的灿烂文化作出应有的贡献！

扬州城遗址保护
实践与探索

扬州市人民政府市长 王燕文

扬州是中国少数具有通史特征的历史文化名城，有近7000年的文明史和2500年的建城史。扬州城兴盛于西汉，至唐代达到鼎盛，成为中国第三大城市和闻名遐迩的国际商业都会，时有"扬（州）一益（州）二"之称。作为中华文明处在巅峰时期的代表性遗迹的扬州城遗址，其文化内涵的丰富性和城市制度的先进性对唐以后的中国城市发展产生了巨大的影响。扬州城遗址（汉至宋）面积约18.25平方公里，是我国保存最好的古城遗址之一。1955年，其中的隋宫城、唐子城部分被江苏省人民政府公布为省级文物保护单位，1996年扬州城遗址由国务院公布为全国重点文物保护单位。遗址范围连接蜀冈上下，包括明清旧城区及北郊、西郊，面积大、范围广。由于现代人口生产、生活的影响，城市现代化进程的加快，城市建设与遗迹保护矛盾突出。长期以来，扬州市人民政府一直高度重视古城址的保护工作，特别是近年来，立足于历史文化名城的持续发展和永续利用，围绕城市的个性面貌的塑造，审慎处理城市快速发展、建设力度加大与古城遗迹保护的关系，有效改善遗址保护环境，使大遗址在现代城市建设中发挥出独特作用。我市的主要做法有：

一、保护城址格局

扬州城遗址是扬州城市发展的历史缩影，是城市永恒的财富。实践证明，在城市现代化的建设进程中，城池遗址不是城市发展的包袱，而是城市面向未来的潜在资源和优势，是城市的核心竞争力。扬州自春秋开始筑城，历经汉、六朝、隋、唐、宋、元、明、清至今，城市历史连绵，城池位置虽有变化，但基本呈现叠加式发展。隋江都宫城、东城东西并列；唐子城、罗城上

扬州城遗址

下相连，南北辉映，次第形成；宋宝祐城、夹城、大城形似蜂腰，三城一体；明清新、旧二城左右并置。唐子城四至完整，水系清晰，城垣局部高度达10余米。为保护这一重要遗址，1982年市人民政府印发了《关于保护唐城遗址的通告》，划定重点保护区，设置了保护标志，明确了保护措施。上世纪90年代初城市步入快速发展时期，古城保护与城市建设的矛盾更加突出，政府果断决策，实施"西进南下"的发展战略，跳出旧城建新城，为古城址的保护创造了条件，留出了时间和空间。为保持遗址风貌的真实性和完整性，我们搬迁了子城范围内的一批工厂企业，冻结了唐子城、宋夹城遗址内农民庄台建设，拆除了唐罗城东、南护城河与唐子城南城垣、宋大城西北角等处于城址边缘地带的大批违章建筑，使遗址的风貌和生态环境得到了明显的修复。

二、改善城址环境

多年来，我市在努力推进城市现代化建设的同时，十分注意经济和社会事业的协调发展，十分注意尊重、保护、传承古城的生态与文化的根脉，在城市建设中，注重城市发展与城址环境保护的和谐"双赢"，有力地提升了城市品质，提高了人民群众的生活质量。

1.实施城河整治工程，建设运河风光带。

开凿于唐代的扬州城区古运河段，历史上兼作唐罗城东、南两面的护城河使用，滨河沿线曾是扬州的棚户区和企业仓储集聚区。从1998年开始，我市着手实施古运河城区段综合整治工程，逐步将滨河的工业企业全部迁出，所有的棚户居民易地安置。2006年工程竣工后，不但有效地改变了罗城东、南城垣外的生态环境，也提高了城河引水、防洪、排涝等功能。与此同时，我们还积极保护沿河的历史文化遗产，建设了运河文化主题公园，修复了邗沟大王庙、长生寺阁；整修了南宋阿拉伯传教士普哈丁墓、天主教耶稣圣心堂、吴道台宅第、卢氏盐商住宅等沿河的文物古迹，打造出集旅游、商贸、休闲、居住为一体的城市靓丽的风景线和名符其实的运河博物馆。

2.整治城址内农民庄台，发展瘦西湖旅游新区。

为加强扬州城遗址保护，结合国家级蜀冈瘦西湖风景区建设，我们近两年加大景区内唐子城、宋夹城和罗城西北部的环境整治力度。搬迁唐子城、罗城结合部的农民庄台1900多户、6650人，在大遗址范围外规划建设了355万平方米的"瘦西湖新苑"予以安置。充分利用空间和人文生态环境，建设以植被绿化为主，以低层仿古园林建筑为辅的万花园、傍花村等瘦西湖新景区，营造出精致悠闲、充满诗情画意的整体旅游景观氛围。对唐子城和罗城结合部蜀冈南缘的环境进行了精心的整治，既改变了过去景区建设大拆大建的旧办法，又为景区科学合理建设提供了良好范本；实施宋夹城河保护工程，疏浚、沟通宋代夹城的护城河并保留沿河两岸独特的自然风貌，建成了一个既有田园风韵，又融合瘦西湖风光，并渗透历史人文气息的湿地公园。

三、展示城门遗址

扬州历代城池层层叠压，始于春秋，历经战国、两汉、六朝，尤以隋、唐、宋城遗址保存相对较好，为中国唯一一座现代化城市和古代城市遗址大部重合并整体列为全国重点文物保护单位的古城址。扬

扬州城遗址保护实践与探索

扬州唐宋东门遗址

扬州宋大城西门遗址

州城遗址一直是国内外考古界和史学界研究的热点，隋、唐、宋扬州城遗址的考古研究在全国也有着十分重要的地位和影响。

1.发掘古城遗址，揭示历史演变轨迹。

上世纪80年代中期以来，我们依据《文物保护法》，坚持配合城市基本建设，不断加强城市考古工作，取得了丰硕的成果。不仅确定了扬州唐城四至范围，对城市布局和历史演变规律也有了深入的了解。扬州历史上有数十座城门，自80年代中期以来，我们先后发掘出扬州城南门（唐—清）、宋大城西门（五代—清）、唐宋东门（唐—元）及宋大城北门遗址（五代—元）。其中，南门遗址历经唐宋元明清1300余年，被考古界、史学界誉为"中国古代的城门通史"；唐宋东门筑有多重军事防御体系；宋大城西门为中国最早的券顶式城门；宋大城北门水门、旱门并行而设。水门的形制和工程施工技术印证了宋代的《营造法式》。这四座城门始建年代不一，规模大小不同，形制各有千秋，在国内外考古界、建筑界、史学界产生了相当的影响。

2.建设服从保护，兴建城门遗址公园。

1995年在西门街建设过程中，发现了宋大城西门遗址，通过考古发掘，其历史和文物价值得到社会的广泛认同。市政府及时调整了待

大遗址保护高峰论坛文集

建的中日合资项目，在原址上建设了宋大城西门遗址博物馆。2000年在泰州路改造工程中，发掘出扬州唐宋东门遗址，尽管前期建设单位已投入了大量的资金，为保护这一重要遗址，我市仍下定决心拆除开发商新建的两幢五层住宅楼，采取果断措施对计划回迁的148户居民实施了异地安置。2004年，在漕河路建设中又发现了宋大城北门遗址，市政府又及时调整道路线型，为遗址实施全面保护提供了有利条件。2007年年初，我市投入近亿元，拆除了叠压在南门遗址及其周边地块上部的现代建筑物8幢，计4万平方米，不仅对遗址实施全面保护，也大大改善了周边环境。这四座城门遗址都位于城市的黄金地段，濒临运河，遗址的发掘保护，不仅改善了城市和运河的景观，而且有力地提升了城市的品位。

3.合理利用遗址，服务城市经济社会发展。

近年来，我市在不断加强城址保护和科学研究的同时，还根据"保护为主、抢救第一、合理利用、加强管理"的文物工作方针，对有影响的古城遗址进行了合理的利用和展示。2000年发现了扬州城东门遗址，经过发掘后，揭示的历史遗迹十分丰富，我们按照"三贴近"要求，精心建设了开放式的东门遗址广场。广场上设置了通俗易懂的解读牌，遗址附近还新建了扬州城门遗址博物馆。遗址广场的建设充分展示了遗址的内涵，得到了广大市民的普遍认可。2007、2008年扬州两届世界运河名城博览会，均利用东门遗址广场作为开幕式广场，成为展示扬州历史文化的一大亮点，受到了中外嘉宾的一致好评。

四、整体保护古城

1.保护历史文化资源，延续文化脉络。

扬州作为国务院首批公布的历史文化名城，明清旧城物质和非物质形态的文化遗产都十分丰富。为科学保护古城，我们编制了《老城区控制性保护规划大纲》和12个街坊的保护详规，明确了"护其貌、美其颜、扬其韵、铸其魂"的保护思路，高起点实施古城保护利用、文

扬州城遗址保护实践与探索

化建设发展和旅游开发，使三者互利互动。同时，我们实施了历史文化名城解读工程，对古城内人文景观、古宅名园等设置中英文对照的标牌，解读文化内涵。在新城区建设中，我们注意运用传统的建筑元素和色彩，以延伸扬州历史文化的文脉，形成新老城区有机结合、交相辉映的格局。

2.整治历史街区，建设人文生态城市。

保存、保留城市历史建筑和传统民居，保持和传承传统的生活方式，是对城市历史文化最好的延续，也是对文化遗产有效的保护。2000年以来，我市对东关街、东圈门"双东"历史街区进行全面整治，修复街巷道路，完善基础设施，整饰沿街建筑。2002年5月，根据中德技术合作"生态城市规划及管理"项目协议，开展东关街历史街区"文化里"片示范街区的整治改造。东关街历史街区"文化里"片的整治保护，居民的居住条件得到了明显的改善，街区生态得到了明显改观，走出了一条可操作性强、重实效、群众拥护和参与的新路子，也为扬州历史城区保护积累了经验。

改革开放以来，扬州加强大遗址保护，不仅彰显了名城扬州的特色，也提升了扬州城市的综合竞争力。2006年扬州荣获"联合国人居环境奖"，主要得益于古城保护与人居环境改善方面所取得的成就。2006年底,瘦西湖及扬州历史城区被列为国家申报世界遗产预备名单，扬州城遗址作为扬州历史城区的重要组成部分，今后保护的理念要更加国际化，保护的任务将更加艰巨。根据国家大遗址和世界遗产的相关保护要求，我市现已启动面向未来的遗址保护战略，委托东南大学建筑学院编制的《扬州城遗址保护规划》年内即将完成。我们坚信，在国家文物局的指导下，不断吸取中外城市在大遗址保护方面的有益经验，依靠广大市民和社会各界的支持，扬州城遗址这一珍贵遗产的保护水平将会跃上一个新的台阶。

夯实基础　破解难题

——扎实推进荆州大遗址保护工作

湖北省荆州市人民政府市长　王祥喜

在这美好的金秋时节，我非常荣幸地参加中国大遗址保护高峰论坛。借此机会，我代表荆州市人民政府向大会的胜利召开表示热烈祝贺！向长期以来给予荆州文博事业关心、支持的国家文物局和兄弟省市的领导、专家们表示衷心的感谢！

坐落在江汉平原腹地的湖北省荆州市，是国务院首批公布的24座国家历史文化名城之一，保留在地上地下的物质文化遗存十分丰富，尤其是楚故都纪南城遗址及其周边千余平方公里范围内无以数计的楚墓，见证了东周楚国处于全盛时期的辉煌，被专家学者誉为"地下文物宝库"。"十一五"期间，国家文物局和财政部将其列入全国100处大遗址保护项目，这对我们来说既是挑战，更是一份沉甸甸的责任。为切实做好荆州的大遗址保护工作，荆州市政府从夯实三个基础、处理三个关系、破解三个难题等方面进行了一些尝试与探索。

一、要做好荆州的大遗址保护工作，必须夯实三个基础

一是理顺文物行政体制，夯实管理体制基础。文物行政体制直接影响着现有行政资源的配置和文化遗产资源效益的发挥。市政府从理顺文物行政体制入手，在将市文物局升格为直属政府的正处级机构，

熊家冢考古工地全景（航拍照片，由东向西拍摄）

实行人、财、物独立运行的行政体制的同时，先后成立了专门负责名
城保护和荆州城墙保护维修工作的市文物管理处、市文物行政执法大
队以及专司打击文物犯罪活动的文物案件侦查中队等机构，形成了集
文物行政、执法于一体的文物行政体制，改变了过去文物事业功能发
挥不畅、保护利用绩效不佳的被动局面。

　　二是完善与文物保护法规相配套的规范性文件，夯实政策法规基
础。文物保护法律法规的配套与完善是做好文物工作的根本保障。近
年来，市政府依据国家文物保护法规，结合荆州实际，先后颁行了《荆
州历史文化名城保护暂行办法》、《荆州市古墓葬保护管理实施办法》
等地方规范性文件，同时下发了《关于进一步规范荆州古城保护范围
内建设行为的通知》、《关于依法规范生产建设项目考古调查勘探发掘
工作的通知》，防止了生产建设对文化遗存的破坏。今年，市政府在实
施行政审批"两集中两到位"的过程中，专门将文物保护作为基本建
设的前置审批内容，纳入到市行政服务中心行政审批流程，从源头上
严把文物保护关。

三是实施古墓葬保护责任制，夯实保护网络基础。古墓葬保护，是荆州文物保护工作的一项重点和难点，科学健全的责任制及与之配套的奖惩制度，是做好这一工作的关键。市政府为了履行国家法律赋予的职责和使命，将市区近千平方公里的八大古墓群的保护管理工作纳入各级政府的责任范畴，实施"一把手抓，抓一把手，一级抓一级"的管理模式，市与区、区与乡镇、乡镇与村、村与农户，自上而下层层签订责任状，形成了独具荆州特色的文物保护网络。市政府对责任制的落实情况每年进行考评兑现，与干部的绩效和提拔任用挂钩，并将其纳入社会治安综合治理"一票否决"的范畴，从而强化了各级领导和广大护墓员的工作责任，有效地遏制住了盗墓恶风，连续十余年取得了有封土堆的古墓葬无一被盗（既遂）的佳绩。

二、要做好荆州的大遗址保护工作，必须正确处理三个关系

一是正确处理文物保护和经济建设的关系。荆州的优势在文化，文化的优势在文物。为此，市政府确定"文化富市"、"文化荆州走向世界"的发展战略，通过各种方式向广大干部群众强化经济建设绝不

楚纪南故城保护标志

楚纪南故城北城墙

能以牺牲文物为代价的保护观念。为了做好文物保护，荆州市已经形成了完整的规划保护体系，通过《荆州市城市总体规划》、《荆州历史文化保护规划》、《荆州城市紫线规划管制办法》，形成对文化资源的规划保护。如将荆州城内的历史文化街区、历史建筑和传统民居列为紫线加以重点保护，明确规定荆州城内的保护建设只做"减法"，不做"加法"，城内人口疏散、公用设施外迁、基础设施弱化，尽可能还原、彰显古城历史风貌；将纪南城大遗址集中分布的荆州城北区域整体划为历史文化区，对于与规划相悖的建设项目一律禁止，对于各级文物保护单位或极其重要的文物埋藏区域，通过调整农村产业结构，以服从文物保护的大局。

二是正确处理文物保护与开发利用的关系。文物资源的开发利用是发展文物事业和产业、满足公共文化生活需求、推动社会主义文化大发展大繁荣的重要途径之一。市政府在有效保护和合理利用文物资源的过程中，始终遵循文物工作规律，以保护为前提实施合理利用，以利用效益促进文物保护，切实做到依法进行行政管理。

在具体工作中，坚持以规划作先导。在与规划编制单位沟通文物利用规划思路时，市政府明确提出：对于砖城和城池保存十分完整的荆州古城，宜打造以三国文化为核心内容的古城公园；对于作为楚国全盛时期都城的纪南城遗址，宜建设遗址公园对文物本体进行展示；对于生态保存完好的古墓群，则应进行原始生态植被和历史文化氛围展示。

三是正确处理文物保护与惠民利民的关系。做好大遗址保护，最终落脚点是要让人民群众满意。长期以来，由于片面强调文物保护，给当地群众生产生活造成了一些负担和影响，挫伤了群众保护文物的积极性。如在楚纪南故城遗址范围内的三个村，农民耕田不能超过一尺，不得随意建房、打井、开挖鱼塘，即便是生产必须的水利工程和道路建设，也要依法层层上报，更不要说大型建设项目了。据调查统计，纪南城内的三个村与周边不属重点文物保护范围内原本在一个起跑线上的村相比，农民人均收入的差距至少在 500 元以上。对此，市政府一方面帮助他们调整、优化农业产业结构，增加观光生态农业比重，优先发展生态文化旅游业，带动当地经济发展，提高农民收入；另一方面尽可能对那些为文物保护作出牺牲的村组农户，通过财政转移支付给予相应补偿；对于城区因文物保护需要而拆除的居民危房，则列入市政府为市民办实事的重点外迁至新区，由政府投资建设经济适用房进行妥善安置。这样就把保护文物与保障群众利益有机地结合起来，提高了广大群众保护国家文物的自觉性和积极性。

三、要做好荆州的大遗址保护工作，必须破解三个难题

随着经济社会快速发展、人民群众生活质量和文化需求不断提高，要按照科学发展观的要求，建立健全大遗址保护事业可持续发展的长效机制，必须破解三大难题。

一是必须破解大遗址管理模式与保护管理现状不相适应的难题。最近，湖北省文物局官信等撰文建议，鉴于楚纪南故城遗址周边古墓群分割管理的现状，应借鉴武当山特区建设的成功经验，建立大遗址保护特区。我们认为，对特别重要的大遗址必须采取特别的政策，设

夯实基础　破解难题

荆州城墙东门城楼

立大遗址保护特区，并根据东、中、西部的区域差异和大遗址不同类别的具体情况，由国家制定相应的特殊优惠政策予以重点扶持。

二是必须破解大遗址保护公共财政投入严重不足的难题。文物的属性及其管理体制决定了现阶段文物保护工作必然实行各级政府公共财政投入为主导的事业发展格局。荆州作为全国久负盛名的文物大市和经济发展潜力尚待充分挖掘的中等城市，市政府在尽最大努力对文物保护工作投入资金的同时，期望中央财政进一步加大资金投入，以确保国家文化遗产得到妥善有效的保护。

三是必须破解大遗址保护区域内的民生难题。在荆州市区重点文物保护范围内，居民十分集中，既要保护好文物，又要让人民群众生产和生活水平逐步提高并从文物保护中受益，是我们在实际工作中遇到的一大难题。最近，党的十七届三中全会提出建立健全土地承包经营权流转市场，实行公共财政向农村倾斜、公共设施向农村延伸、公共文化向农村覆盖等惠农利民政策，构筑城乡经济社会发展一体化新格局。这既是广大农村和农民的迫切愿望，也为实施大遗址的有效保护、科学管理和合理利用提供了良好的政策环境。作为地方政府，一方面要结合农村土地尤其是农民宅基地的合理有偿流转，科学规划和集中建设中心村落，有效疏散遗址区域内人口和居民点，缓解文物保护的压力；另一方面，要结合公共文化设施向农村覆盖、努力发展现代农业的政策，大力调整和优化适宜大遗址保护的新型农村产业结构，大力建设具有区域历史文化特色、能够有效展示遗址特点的公共文化场所和文化旅游景点景区，提升市民文化生活品质，让祖国优秀文化遗产真正惠及广大人民群众，让保护祖国优秀文化遗产真正成为广大人民群众的自觉行动。

夯实基础　破解难题

成都大遗址保护的实践与展望

成都市人民政府副市长　王忠林

尊敬的单霁翔局长、尊敬的各位来宾：

非常高兴参加由国家文物局、陕西省人民政府主办的全国大遗址保护高峰论坛。与全国许多城市相似，成都历史悠久，是国务院首批公布的二十四个历史文化名城之一。早在汉代，成都城市经济就十分发达，是当时全国著名的五大都会之一；三国时魏、蜀、吴三分天下，成都是蜀国的都邑；唐代成都是中国南方经济最发达的城市之一，有"扬一益二"的美誉。改革开放以来特别是近年来，在国家文物局的关心支持下，在成都市委、市政府领导下，在城市建设和经济快速发展的同时，我市对大遗址保护进行了积极的实践和探索，取得了一些可喜成果。研究表明，成都的建城史已由原来距今2300多年提前到了3000年前左右，新发现的史前的城址群、金沙遗址、船棺遗址等，不仅极大地丰富了成都历史文化名城的文化内涵，而且为城市的发展注入了新的更大的活力。现将我市在大遗址保护方面的实践及今后工作打算向大会做如下汇报。

一、健全法规体系，为大遗址保护奠定法规基础

建立健全完善的地下文化遗存保护法规，是大遗址保护工作的重

要保障。改革开放以来，成都城市经济快速发展，城市建设的兴起不可避免地影响到地下文化遗存的保护。我们认为，要妥善解决城市建设和地下文化遗存保护日益突出的矛盾，首先必须建立健全地下文化遗产保护法规。成都市政府在1985年即颁布了《成都市文物保护管理办法》，《办法》明确规定：在有可能埋藏文物区域进行的建设事先须进行文物勘探。经过多次修改完善，形成了《成都市文物保护管理条例》，并经市人大通过、省人大批准后颁布实施。《条例》从法规上规范了地下遗址文物的保护，发现和保护了一大批重要文化遗存，较好地实现了文物保护和城市建设两不误。

近十年来，成都市政府组织文物主管部门和文物工作者配合城市、农村建设，共对数以千计各不同时期的古文化遗存进行了认真调查和有计划的发掘，出土各类文物和文物标本达二十余万件，考古工作总量超过成都建国以后四十年的总和。其间有四大重要发现，一是以府南河为主要标志（含以西、以南部分区域）、面积达20平方公里的成都旧城区是一处从先秦一直延续到明清时期的特大型遗址，考古发现已清楚勾勒出秦、汉、唐、宋、元、明、清各不同时期成都城市格局的发展演变历程；二是2001年2月在成都青羊大道西侧金沙村一带发现约当商、西周时期的金沙遗址，被评为2001年度全国十大考古新发现，被公布为全国重点文物保护单位并列入国家文物局首批大遗址保护项目；三是1995年以来，在成都平原的新津、温江、郫县、崇州、都江堰、大邑等地发现9座距今4000—5000年的史前城址，被评为1996年全国十大考古新发现，其中多处被公布为全国重点文物保护单位，是迄今所知中国西部分布最为密集的史前城址群；四是2005年以来，对邛窑遗址的调查和发掘，为西南地区迄今发现的规模最大、延续时间最长的瓷窑遗址的保护提供了重要依据，已被国家文物局增补列入全国大遗址保护项目。

二、积极探索实践，成都旧城区地下文化遗存保护取得重要成果

成都大遗址保护的实践与展望

金沙遗址

成都金沙遗址
发掘现场

　　把成都旧城区作为一处特大型遗址保护，有利于制定完善的保护规划和措施。近年来，成都市政府及主管部门组织考古工作者配合基建在该区域开展的考古工作上千项，通过考古勘探、发掘，对旧城区文化遗存的年代、性质、分布范围有了较为清晰的认识：该区域内已知最早的人类活动可以追溯到四千多年前宝墩文化时期；距今三千多年前约当商代中、晚期的蜀文化遗址在旧城的西部和南部沿古河道广泛分布；西周至春秋战国时期文化遗址密度明显加大，呈现向东扩展趋势；秦汉时期文化遗址继续向东、向南扩展；唐代中晚期高骈筑成都城，向东、北、南三个方向大规模增扩城池，开始形成以府南河为

大遗址保护高峰论坛文集

重要标志的成都城市格局；宋、元、明、清城内街道布局虽然发生变化，但总体格局依然保存。成都旧城区数千年城址不变、遗址文化堆积叠加的特点在国内外十分罕见，长时间的人类频繁活动，既有文化遗存不断被打破，遗迹单位保存情况参差不齐，而旧城区内现代建筑林立，道路纵横交错，这给文化遗存全貌的揭露和遗址整体保护带来不便。将旧城区作为一个整体遗址不仅有利于保护工作的开展，而且有利于对整个成都文化、文脉的研究。在实际工作中，我们主要抓了两个方面重点工作。

1.采取多种保护方式，保护重要文化遗存，为城市保留可以永续利用的文化资源。

成都采取了多种方式实现了旧城区大遗址重要文化遗存的原址保护：属于市政府直接管理的项目通过项目调整、另行选址的方法予以解决，如杜甫草堂唐代民居遗址和全国重点文物保护单位十二桥商代木结构建筑遗址；对于非政府直接管理项目通过土地回购、置换的方法予以解决，如青羊宫唐宋窑址和全国重点文物保护单位商业街战国船棺遗址；鼓励、支持企业保护文化遗存，如全兴集团对全国重点文物保护单位水井街明清酒坊遗址实施了有效保护；政府与企业共同投入对文化遗存实施有效保护，如江南馆街唐宋时期道路、居住遗址等。这些文化遗址大都成为城市文化建设的重要资源。

2.努力挖掘文化遗产资源的人文社会价值，丰富城市文化内涵，提升城市形象。

为了水井街酒坊遗址的保护，市政府专门调整了《成都历史文化名城总体规划》，将遗址所在片区划入历史保护街区，水井街酒坊遗址被列入了国家申报世界文化遗产后备清单。依托商业街战国船棺遗址保护，可以建成一座以展示晚期蜀文化为特色的专题博物馆。在成都最繁华的商业中心江南馆街建成唐宋砌砖大道遗址展示馆，可以让人们感受千年前成都"扬一益二"辉煌时代的气息……弥足珍贵的地下

水井街明清
酒坊遗址

文化遗产与老成都众多地上文物古迹如大慈寺、文殊院、保路死事纪念碑、青羊宫、杜甫草堂、武侯祠、望江楼以及历史文化街区宽（窄）巷子片区、大慈寺片区、文殊院片区、华西医科大学近现代典型建筑群等等交相辉映，她们共同构成了文化名城成都的历史记忆。

三、切实抓好金沙遗址保护，全力打造成都城市文化新名片

2001年2月，我市考古人员配合基建在成都市青羊大道西侧金沙村发掘出土大量玉器、金器、青铜器及象牙等珍贵文物，此一发现立即在国内外引起轰动，对金沙遗址的保护也逐渐成为社会关注的焦点。与许多分布在远郊或农村的大型遗址不同，金沙遗址位于市区二环路与三环路之间的城市人口聚居区，建设活动十分频繁，若不及时采取措施，必将严重影响金沙遗址保护和该区域的各项建设活动。为此，成都市委、市政府高度重视，及时采取了五项重要措施：

1.集中考古科研力量准确掌握金沙遗址分布情况及学术价值。

金沙遗址发现后，文物考古部门立即设立金沙遗址考古工作站，全面负责金沙片区考古工作。经过长达数年的艰苦努力，工作站共配合60余个建设项目开展文物勘探和考古发掘，发掘面积达20余万平方米，可以确定遗址分布面积达5平方公里以上，发现的重要遗存有大型宫殿基址、祭祀区、中小型居址、墓葬分布区等，出土金器、玉器、青铜器、象牙、陶器等各类文物数万件。通过对出土文物和重要遗迹的研究分析，专家们一致认为金沙遗址是商代晚期至西周时期与古蜀国最高统治者活动相关的文化遗存，极有可能是继三星堆之后形成的

大遗址保护高峰论坛文集

新的古蜀国都邑。大规模的考古工作为金沙遗址保护提供了科学资料。

2.及时组织编制《金沙遗址保护总体规划》。

市政府文物主管部门委托中国建筑设计研究院历史建筑研究所等单位，按照申报世界文化遗产的要求编制《金沙遗址保护总体规划》，将金沙遗址摸底河以南保存较好的祭祀遗迹区整体划入金沙遗址保护范围，保护范围内只允许修建与发掘、保护相关的设施（遗迹馆），包括文物陈列馆、文保中心等博物馆主要设施则规划在摸底河以北的建设控制地带（一般保护区），使金沙遗址文物保护范围和博物馆设施总占地面积达到30万平方米（456亩）。《规划》还对金沙遗址保护范围周边建设项目的风格、体量、高度作出了严格限制。

3.建立健全了政府主导、各方配合的遗址保护格局。

市政府将金沙遗址保护列入政府为民办实事工作目标，各部门积极支持配合，规划部门根据《金沙遗址保护总体规划》的要求，对金沙遗址片区原有建设总体规划进行全面调整，将原规划为中高层住宅区的金沙片区调整为低层住宅区；国土部门对456亩原属多家企业产权的土地进行置换和回购，确保了金沙遗址保护范围和金沙遗址博物馆建设用地需要；城建部门投入资金对长达十余公里的摸底河进行了全面疏浚、截污、绿化；市政部门完成了金沙遗址保护范围周边道路、桥梁、地下管网等配套设施建设；街道办事处对已建成街道、住宅进行整治；对于金沙遗址保护范围以外地点发现的其他重要遗存，如黄忠地点发现的大型房屋建筑基址，市政府责成有关部门对土地进行置换，实施有效保护。

4.加大宣传力度，张扬文化品牌，提升城市文化形象。

金沙遗址从发现之日起，即以独特的方式为宣传成都发挥作用，海内外多种媒体对金沙的报道达上千次，2005年8月16日金沙遗址出土的"太阳神鸟"金箔图案被国家文物局确定为中国文化遗产标志；2005年10月17日金沙太阳神鸟蜀绣制品搭载神舟六号飞船遨游太空；2005年12月18日中国文化遗产标志永久性纪念雕塑在金沙遗址博物馆落成；2006、2007年6月连续两年中国遗产日，中央电视台对金沙遗址博物馆发掘现场进行直播；2005年以来，以金沙遗址发现为主线创作的《金沙》音乐剧演出近千场次……金沙文化品牌和形象的不断提升，不但为金沙遗址大遗址保护营造了良好气氛，而且对于成都城市知名度和美誉度的提高发挥了重要作用。

5.转变观念，创新思维，实现和提升大遗址保护的社会价值。

从过去的情况看，考古成果要转化为向公众展示的文化产品往往需要很长时间。为了尽早实现这一转化，成都市在保护好金沙遗址的前提下，按照"国际知名、国内一流"的标准及时进行了金沙遗址博物馆建设招标设计工作，经专家评审，最终确定符合金沙遗址大遗址保护总体规划的金沙遗址博物馆遗迹馆、文物陈列馆、文保中心建筑设计方案和环境景观设计方案。金沙遗址博物馆的建设方案得到了国家文物局和有关专家的充分认可，财政部、国家文物局下拨2300万元资金支持该馆的建设，成都市政府为此安排了3.98亿元专项建设资金。建成后的金沙遗址博物馆遗迹馆采用发掘现场大跨度钢结构建筑设计，建筑最大跨度达120米，将金沙遗址已探明的祭祀遗迹分布集中区全部覆盖，有效地改善了祭祀遗迹发掘区遗址的保存环境，为今后更好地开展考古发掘工作创造了条件。金沙遗址博物馆文物陈列馆建筑造型独特，地下空间利用充分，公共活动面积适宜，建筑与遗址环境的高度协调，确保了博物馆建设的整体效果，而文物展厅大跨度无立柱，又为陈列布展提供了良好空间。考虑到遗址保护范围地势低洼和位于城区的特殊环境，在对金沙遗址保护范围地表实施回填保护后，种植大量可以遮挡周边建筑的高大植物，改善和优化了金沙遗址遗产保护环境。2007年4月16日，金沙博物馆以设施先进、造型新颖、理念超前的国内一流遗址博物馆正式对外开放，成为成都继都江堰、武侯祠、杜甫草堂之后又一张靓丽的文化名片。从开馆至今，金沙遗址博物馆共接待来自海内外的观众90余万人，受到了社会各界的普遍好评。

大遗址保护高峰论坛文集

成都江南馆街遗址

成都江南馆街排水系统遗址

成都江南馆街唐宋道路遗址

四、进一步加大工作力度，积极推进成都大遗址保护工作再上新台阶

　　成都大遗址保护工作虽然取得了初步成绩，但与兄弟城市相比还有不足，与社会各界的要求还有差距，为了进一步做好大遗址保护工作，成都市拟从以下几个方面继续努力做好相关工作：

　　1.加快推进古蜀文化遗址申报世界文化遗产工作。

　　在国家、省文物局大力关心支持下，我市已按有关规定编制完成古蜀文化遗址三星堆遗址、金沙遗址申报世界文化遗产的文本，对金沙遗址环境进行全面整治，将尽快上报国家文物局，经各方面的专家论证后进行修改完善，争取早日进入国家向联合国的申报程序。

2.加大科研力度，发挥整合优势，争取学术、科研、保护工作取得新的突破。

一是联合国内外科研机构和专家共同研究成都平原史前城址群、三星堆遗址、金沙遗址等，争取在古蜀文明起源、古蜀符号（文字）破译研究等方面有新的突破。二是以中法文物科技保护中心为依托，联合法国等国的有关专家开展对象牙的保护研究，争取在保护技术上有质的突破。三是加强邛窑遗址的保护，修改完善邛窑遗址总体保护规划，上报国家文物局审查批准后，尽快组织实施，使邛窑遗址的保护利用有新的突破。

3.尽早启动对农村和远郊的大遗址保护工作。

我们将积极申报把探索长江上游地区文明起源的大型遗址群——成都平原史前城址群纳入国家大遗址保护项目，成都作为国务院批准的城乡统筹试验区，将分布在成都平原西部广阔的农村地区的大遗址保护纳入城乡统筹试验、新农村建设范围整体考虑，我们将选择重要遗存进行大遗址保护工作的试点，力争取得突破性进展。

4.进一步优化保护工作程序，加强和完善法规建设。

我们将尽快组织力量，对已经起草的《成都大遗址保护办法》进一步调研、修改完善，力争早日报经市人大审议通过，并报请省人大批准。为了更好地发现、发掘、保护好城市地下文化遗存，市政府已决定将文物勘探保护工作的实施从建设施工许可环节提前到土地拍卖之前，为发现大遗址、更好地保护大遗址创造条件，推动成都大遗址保护工作再上新台阶。

以上汇报，如有不妥，请各位领导和专家批评指正。

谢谢大家！

因地制宜 整合资源 共享成果

——坚持以科学发展观为指导 全面推进殷墟保护与发展

河南省安阳市人民政府市长 张笑东

各位领导，同志们，朋友们：

根据会议日程安排，现在由我汇报殷墟遗址保护情况。

殷墟位于河南省安阳市，是我国第一个有文献记载并为甲骨文和考古发掘所证实的商代都城遗址。多年以来，在河南省委、省政府的正确领导下，在国家文物局、河南省文物局的关心指导下，安阳市委、市政府高度重视殷墟遗址的文物保护与可持续发展，坚持以科学发展观为指导，贯彻"保护为主，抢救第一，合理利用，加强管理"的十六字方针，根据安阳文物工作实际，因地制宜，有效整合资源，努力打造高质量、兼顾保护与展示的大遗址公园，不仅让社会公众共享到文物保护带来的辉煌成果，而且使古老的殷墟遗址得到了有效保护。"保护殷墟、珍爱家园"已经成为每个安阳市民的共识和责任。

一、历史久、面积广、遗存多、价值高是殷墟遗址的重要特点

殷墟是3300年前由殷商先民在安阳建立的都城。从1928年殷墟的科学发掘开始，先后发现了110多座商代宫殿宗庙建筑基址、12座王陵大墓、2500多座祭祀坑等文化遗存，出土了数量惊人的甲骨文、青铜器、玉器等精美文物，再现了辉煌灿烂的殷商文明。

殷墟宫殿宗庙遗址鸟瞰

　　今年是殷墟科学发掘80周年。80年来的考古表明，殷墟遗址面积达到36平方公里。在这一区域内密集分布着宫殿宗庙遗址、王陵遗址、洹北商城、手工作坊遗址、甲骨窖穴、贵族墓葬、祭祀坑、族邑聚落遗址、家族墓地等不同类型的文化遗存。1961年，殷墟被国务院公布为第一批全国重点文物保护单位。2001年，在由国内48家权威考古机构参加的"中国20世纪100项考古大发现"的评选中，殷墟以最高票数名列榜首。其中，处于核心区域的4.14平方公里宫殿宗庙遗址、王陵遗址，7.2平方公里的缓冲区（含洹北商城遗址）于2006年7月被联合国教科文组织世界遗产委员会列入《世界遗产名录》。

　　殷墟的文化价值和影响远远超出了出土器物数量带给人们的震撼。作为中国考古发掘次数最多、持续时间最长、发掘面积最大的一个古代都城遗址，殷墟培养造就出一大批世界知名的考古学家，被赞誉为"中国现代考古学的摇篮"。殷墟甲骨文蕴含丰富的历史文化信息，是中国最早的、成体系的文字。殷墟青铜器、玉器等是古代科技与艺术的完美结合，更是不可多得的艺术珍品。今天，对殷墟的研究已从早期单纯的甲骨学发展成为包含考古学、人类学、历史学、古文字学、天文学等多门学科的世界性的"殷墟学"，这在我国乃至世界同类遗址中也不多见。

二、以申报世界遗产工作为重点，大力推进殷墟遗址保护

殷墟申报世界文化遗产工作是推进殷墟大遗址保护的历史性工程，申报成功标志着殷墟大遗址保护进入了新的阶段。从2001年4月开始，在河南省委、省政府，国家文物局的大力支持下，安阳市委、市政府以殷墟申报世界文化遗产为突破口，克服重重困难，投入保护资金2.5亿元，全面实施殷墟遗址保护工程，顺利实现殷墟进入《世界遗产名录》的目标，在遗址的保护、管理和展示等方面取得了显著成效，殷墟大遗址公园粗具雏形。

1.切实加强领导，建立健全殷墟遗址保护管理机构。

安阳市先后成立了安阳市文物工作队（今安阳市文物考古研究所）、殷墟博物苑（今殷墟宫殿宗庙遗址管理处）、殷墟管理处、安阳市文物管理局、殷墟王陵遗址管理处、安阳市殷墟世界文化遗产管理委员会等6个从事遗址考古发掘、保护和管理机构，形成了以安阳地方政府负责殷墟遗址文物保护和日常管理、中国社科院考古研究所与安阳地方文物研究机构负责殷墟考古发掘与研究的这样一种中央和地方相结合的文物保护与管理模式。实践证明，这种保护管理模式，适合殷墟大遗址保护管理工作的客观需要，有力地促进了殷墟遗址的保护和科研工作。

2.完善法律体系，推进殷墟依法保护和管理。

2001年9月，安阳市在原有的《安阳市殷墟保护管理办法》的基础上，起草了《河南省安阳殷墟保护管理条例》，在第九届河南省人大常委会第24次会议上通过。此外，安阳市还相继颁布了《安阳市关于进一步加强文物保护管理工作的通知》、《安阳市关于殷墟保护区内违章建筑的处理通告》等一系列具体的措施、规定，在国家、省法律法规的框架基础上，逐步建立起适合安阳地方特色的规章制度。

3.编制保护规划，为殷墟科学保护与可持续发展勾画蓝图。

2003年6月，经国家文物局批准，《安阳殷墟保护总体规划》由河南省人民政府核准公布。2006年12月，殷墟被财政部、国家文物局列入《"十一五"期间大遗址保护总体规划》后，按照国家、省文物局的要求，2007年9月，我市编制的《殷墟大遗址保护与发展总体思路》获得国家文物局认可，为保护规划的修编做好了前期准备。2008年9月，

殷墟商代建筑基址
地面复原展示

大遗址保护高峰论坛文集

安阳市成立殷墟保护规划修编领导小组并召开工作会议，正式启动殷墟保护总体规划的修编工作。目前，由西北大学和陕西省古建筑设计研究院组成的项目组，正在抓紧编制殷墟保护总体规划。

4.开展环境治理，努力改善殷墟周边环境。

2001年，根据《安阳殷墟保护总体规划》，安阳市政府对殷墟周边环境进行了大规模的整治，先后拆迁各类不协调建筑22万平方米，搬迁居民、单位和商业门面691户；新建绿地19.7万平方米。同时，对申报范围内的村庄、道路、环境进行了有效治理，使殷墟及其周边环境得到了根本性改善，维护了殷墟遗址的真实性，使殷墟保护区成为历史原貌保存完好、自然和人文环境协调发展的胜地。国家文物局和国内外专家对此给予了高度的评价。

5.创新保护方法，全力完成殷墟遗址保护展示工作。

为提高殷墟遗址的可观赏性，安阳市积极探索对大型土质遗址保护展示的新路子，创造性地大规模实施了地下封存、地表植被标志等保护展示方法，完成了宫殿宗庙遗址30余处建筑基址、H127甲骨窖穴、妇好墓和王陵遗址12座王陵大墓、M260大墓复原、200余座祭祀坑展示工作。同时，又制作了《殷墟发掘史展》等一系列展览，丰富了遗址展示的内容。

6.实施资源共享，建设殷墟博物馆。

2005年，安阳市投资3000万元，与中国社会科学院考古研究所联合建设了殷墟博物馆，集中展出了由中国社科院考古研究所在殷墟发掘出土的文物精品，并将从国家博物馆借展司母戊鼎、妇好三联甗两件国宝级文物一同展出，成为轰动海内外的文化盛事。2007年5月，殷墟博物馆荣获全国第七届博物馆精品陈列展览最佳创意奖。目前，博物馆已经成为诠释殷墟遗址最好的注解，成为遗址保护的亮点和必不可少的参观点。

据初步统计，殷墟年均接待海内外游客由原来的不足10万人次增

因地制宜 整合资源 共享成果

殷墟王陵遗址鸟瞰

至现在40万人次，门票收入也从申报前的200万元增加到现在的1000万元，间接旅游综合收入达到40多亿元。其中，2006年8月免费开放1个月，当月游客数目竟达242万人次。2007年2月，安阳殷墟大遗址保护与展示项目获得文化部第二届创新奖。2008年，由安阳市文物局申报的《安阳殷墟大遗址的保护与展示综合研究》课题，获国家文物局审批立项，标志着殷墟遗址的保护与研究进入系统化、理论化阶段。目前，殷墟已经成为安阳市独有的文化品牌，成为一笔厚重的无形资产。

三、殷墟保护的经验与启示

1.领导高度重视是做好遗址保护工作的重要前提。

在殷墟申报世界文化遗产的过程中，李长春、陈至立等中央领导同志、省委、省政府和国家文物局领导始终给予了高度重视和大力支持，多次作出重要批示或亲临视察，及时指导、解决工作中出现的各种问题，为殷墟保护工作特别是殷墟申报世界文化遗产工作取得最终成功奠定了坚实基础。

2.科学决策、抢抓机遇是做好遗址保护工作的关键。

启动殷墟申报世界文化遗产工作，意味着要承担巨大的投入和失败的风险。面对高昂的申报成本和巨大的申报风险，2001年4月，安阳市委、市政府在充分酝酿、反复论证的基础上，毅然决定启动殷墟申报世界文化遗产工作，全面推进殷墟遗址的保护工作。在殷墟申报世界文化遗产的过程中，安阳市在国家文物局的具体指导下，始终坚持科学论证、科学规划、科学决策，坚持按照科学规律，在遗址保护与展示等方面，实现了新突破。实践证明，正是安阳市委、市政府抓住机遇，科学决策，才为殷墟成功申报世界文化遗产、全面加强遗址保护赢得了主动。

3.尊重科学、敢于创新是做好遗址保护工作的保证。

殷墟是中国第一个土质古文化遗址的申报项目，无现成的经验可以借鉴。安阳市委、市政府在古遗址的保护、展示和利用方面积极创新，探索出了一条古文化遗址保护、展示与利用相结合的新路子。在古文化遗址的展示方面，创造性地提出了"保护与展示并重、科学研

殷墟王陵大墓植被标志展示

究与服务公众并行"的理念。在展示方法和手段上，在国内首次采用了大规模地表植被标志、砂石标志地下遗迹形制的方法。特别是以这种方法为主要展示手段的王陵遗址，形象地展现出地下遗址的分布和形制，受到国际古迹遗址理事会专家的肯定。在机制和体制创新方面，我市与社科院考古所联合建设殷墟博物馆，由地方出资建设博物馆，集中展出社科院保存的殷墟出土文物，改变了原来由中央驻安阳单位与安阳地方分别保存殷墟出土文物的体制，形成了地方投资、中央驻安阳单位提供文物藏品、双方共同管理的新机制，有效整合了地方和中央单位的文物资源。这种互利双赢的做法被称为"安阳模式"。

4.全民参与、无私奉献是做好遗址保护工作的群众基础。

做好殷墟遗址的保护是一项复杂的系统工程，需要全社会的认同和参与。为此，安阳市多次召开动员会，开展全市性"爱我安阳，爱我殷墟"等主题活动，全市人民积极为殷墟遗址献计献策，用各种不同形式参与和支持遗址的保护工作，表现出强烈的主人翁意识。为了

殷墟王陵祭祀坑
地面复原展示

支持殷墟遗址的环境治理工作，地处殷墟保护核心地区的小屯村、花园庄村的村民，亲手推倒了自家的房屋，挥泪离开数代居住的家园，仅用不到半个月的时间，就全部搬迁完毕。全市干部群众也纷纷主动为殷墟捐款出力，在全市掀起人人为殷墟申遗捐资出力、多作贡献的热潮，在短短一个月内就为殷墟申遗捐款达3100多万元。全市青少年、历史教师等都投身其中，积极开展各种形式的殷墟保护活动。全市各界群众的广泛参与，凝聚了民心，鼓舞了士气，营造了氛围，为殷墟遗址保护工作取得显著成绩奠定了坚实的群众基础。

殷墟遗址保护特别是申报世界文化遗产的成功，对于我国的文化遗产保护事业来说，不仅是一个巨大的胜利，而且是一个崭新的起点。下一步，我们将继续贯彻落实中央领导、国家文物局和河南省委、省政府领导的指示精神，遵照世界遗产保护的有关要求，把殷墟这个全人类共同的文化遗产保护好、宣传好、管理好。一是要认真落实好《河南省安阳殷墟保护管理条例》和《安阳殷墟保护总体规划》，完善行政管理和科研体制，提高保护和管理水平，依法保护和利用好殷墟。二是要采取有力措施，大力加强殷墟的保护展示工作，不断完善、提升保护区的保护和展示水平，逐步把殷墟遗址打造成一个集文物博览与服务、遗址展示、文化休闲和环境保护于一体的大型考古遗址公园，使殷墟这一中华民族优秀历史文化遗产不断焕发出新的光彩。三是要加强国际合作，积极与国内外有关保护机构加强交流，认真研究解决殷墟大遗址保护面临的重大课题，为我国的文化遗产保护事业作出新的更大的贡献！

谢谢大家！

因地制宜 整合资源 共享成果

政府主导，探索大遗址
保护新模式

辽宁省朝阳市人民政府市长 张铁民

　　朝阳市地处辽宁中部城市群、京津唐城市群和内蒙古腹地三边交汇地带，是本世纪国家重点发展区域——环渤海经济圈的重要一环。全市总面积 1.97 万平方公里，人口 337 万，辖两市三县两区，是辽宁省国土面积最大的城市，也是东北地区历史文化最悠久的城市，迄今已发现各类文物遗迹 4000 余处，占全省 36%。一千六百多年前，东晋十六国时期的前燕、后燕、北燕先后设都城于朝阳，这里曾是古代草原丝绸之路的重要驿站，是古代东北亚经济、文化、政治交流中心，是中原文化东传朝鲜半岛和日本列岛的必经之地；举世罕见的释迦牟尼血舍利和锭光佛舍利出土于朝阳；1.45 亿年前的古生物化石在朝阳被大量发现，朝阳因此被誉为"三燕古都"、"东方佛都"、"化石宝库"。不仅如此，更让朝阳人自豪的是，世界瞩目的牛河梁大遗址也出土于朝阳，因此朝阳还被誉为人类的"文明圣地"。

一、牛河梁遗址概况及重要价值

　　牛河梁遗址是中国北方新石器时代晚期最重要的遗址，位于辽宁省朝阳市境内的凌源市与建平县交界处，保护范围 58.95 平方公里，建设控制地带 23.56 平方公里。遗址于 1981 年发现；1988 年被国务院公布为全国重点文物保护单位；2004年被国家文物局列入全国重点大遗址保护名单；2006年被列入重设的《中国世界文化遗产预备名录》。

牛河梁遗址发现的大型祭坛、女神庙、积石冢遗址群和大批石器、陶器、玉器，以确凿的考古资料证明，五千年前这里曾存在过一个具有国家雏形的原始文明社会。这一重大发现把中华文明史提前了一千多年，从实践到理论都为中华文明的多源一体和中华文化的灿烂悠久提供了有力支持，对于研究中国上古时代社会发展史、思想史、宗教史、建筑史、美术史产生了重大影响。正如全国考古学会原理事长苏秉琦先生所说："红山文化坛、庙、冢三种遗址的发现，代表了我国北方地区史前文化发展的最高水平。从这里我们看到了中华五千年文明的曙光"。

二、 政府主导，探索大遗址保护新模式

牛河梁遗址保护范围属半山地、半丘陵地貌，地下储藏着大量的铁矿石，矿业企业曾是当地1.2万农民主要的经济来源。如今这些企业已不存在，保护范围内严禁再建设任何影响文物遗址和环境的项目，这些农民只能靠耕种几亩薄田维持生活，年人均收入已从原来高于全市平均水平降至低于全市平均水平。

过去，我们对牛河梁遗址的保护采取的是"死看死守"的被动保护办法，从长远看，对遗址保护工作越来越不利。尽管地方政府采取

牛河梁遗址鸟瞰

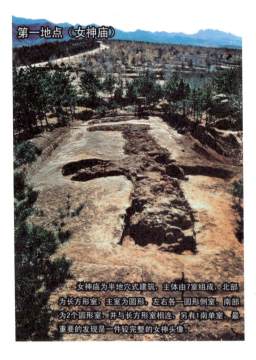

第一地点（女神庙）

女神庙为半地穴式建筑，主体由7室组成，北部为长方形室，主室为圆形，左右各一圆形侧室，南部为2个圆形室，并与长方形室相连，另有1南单室，最重要的发现是一件较完整的女神头像。

牛河梁遗址第一地点
（女神庙）

了严厉的措施，仍不时出现农民私采乱挖矿石行为，如果继续坚持下去，不但难以解决民生问题，还会使农民迫于生活压力，不断扩大私采乱挖活动的规模。

　　因此，我们本着积极、谨慎、科学的态度，在推进牛河梁大遗址保护过程中，探索出了一条以科学发展观为指导，以文物保护为前提，以生态环境为依托，以文化旅游为突破，实现遗址保护展示与环境保护、生态保护、农民生产生活和地方社会经济发展有机结合，建设牛河梁遗址公园，让文化遗产保护成果最终惠及当地百姓的良性循环之路。

　　总体思路是：积极筹措、争取资金，吸纳社会资本，分步启动遗址公园建设，依托京四高速公路，开发北京—承德—辽宁"文化遗产旅游线路"；利用当地自然环境，发展花卉、干鲜果、无公害蔬菜、小杂粮等特色生态农业产业。通过引导当地农民从单纯传统农业生产向特色高效农业、旅游服务、旅游产品开发等产业转型，实现脱贫致富，从而调动农民自觉参与遗址保护的积极性，用可持续发展保证可持续保护，创建全国大遗址保护示范区。

保护模式确定后，朝阳市委、市政府多次召开专题会议，提高认识，统一思想，使全市上下清醒地认识到，在城市化和新农村建设发展进程中，文化遗产"软实力"对经济发展具有强大的潜在推动力，要实现可持续发展，必须用战略目光审视文化遗产保护，用战略思维考虑城市和民众的长远利益。于是，"发展文化产业，强力推动牛河梁大遗址保护利用工作进程"被作为重点写入市委全会报告和政府工作报告中，全市上下掀起了文化建设的新高潮，牛河梁大遗址保护利用工作由此全面提速。目前我们的主要做法有以下几个方面：

1.高度重视

省政府、省文化厅、文物局和朝阳市委、市政府主要领导高度重视，3月10日，陈政高省长、滕卫平副省长及省文化厅、朝阳市委、市政府主要领导，专程到国家文物局拜访单霁翔局长，并就牛河梁遗址

牛河梁遗址第二地点
（积石冢、祭坛）

第二地点（积石冢、祭坛）

第二地点东西长150米，南北长50米，为四冢一坛，祭坛为浅红色的棱状石筑成的三重圆。一号积石冢共发掘27座墓葬，其中1号墓是第一座正式发掘的红山文化墓葬；4号墓出土了两枚玉猪龙；21号墓出土20件玉器，是目前发现随葬玉器最多的墓。

第五地点（积石冢）

距第三地点882米，有东西两冢，冢间有一石砌方形祭坛，冢界外有围绕冢体的环壕。

牛河梁遗址第五地点（积石冢）

第十六地点（积石冢）

该冢被夏家店下层文化遗址所叠压，中心大墓凿岩为墓穴，深约5米，是目前牛河梁遗址最大的墓葬，2003年被评为全国十大考古发现之一。

牛河梁遗址第十六地点（积石冢）

保护和利用问题进行了深入座谈，达成了要把牛河梁遗址建设成全国大遗址保护示范区的共识。单霁翔局长表示将一如既往地支持牛河梁大遗址保护和"申遗"工作，要纳入专项，强力推动。

4月18日,辽宁省副省长滕卫平率省相关部门到牛河梁遗址考察,指导推动大遗址保护利用和"申遗"工作。并在朝阳召开第22次省政府业务会议,研究部署牛河梁大遗址保护立项及申报世界文化遗产工作。会议认为,经过多年努力,牛河梁遗址申报世界文化遗产的基本条件已经具备,时机已经成熟,省政府将即时启动牛河梁遗址申报世界文化遗产工作。会议决定立即成立辽宁省牛河梁遗址申报世界文化遗产的组织领导机构,确定工作目标和任务,制定保护规划,加强环境治理,明确管理体制,积极推进牛河梁大遗址保护和申报世界文化遗产工作。

　　4月25日,副省长滕卫平率省文化厅、文物局有关领导,再次就牛河梁大遗址保护和"申遗"工作与国家文物局单霁翔局长进行商谈,单局长进一步提出:牛河梁遗址文物本体保护、"申遗"和建设遗址公园是一个有机的整体;要确定目标,突出重点,循序渐进,分步实现。按照单霁翔局长推荐意见,5月8日,省政府组成大遗址保护及"申遗"工作考察组,赴鸿山、金沙、三星堆等大遗址考察学习,并形成考察报告。6月3日,滕卫平副省长在考察报告上做出强力推动牛河梁大遗址保护工作的重要批示。

　　2.科学规划

　　朝阳市政府本着高标准、高起点的原则,编制了《牛河梁红山文化遗址保护规划》,对大遗址保护区的文物本体保护、基础设施、环境

牛河梁遗址之金字塔

治理、社会经济发展等进行长远的统筹规划；《牛河梁遗址保护和遗址公园建设规划（纲要）》，规划范围包括牛河梁大遗址保护范围、建控地带及周边地带共99平方公里，对遗址文物本体保护展示、特色生态农业、文化旅游、综合服务等功能区进行科学规划；朝阳市政府按照"3·10"会议精神，本着从长远规划，从实际入手的原则，确定了以实施第一、第二地点文物本体保护工程为突破，尽快启动大遗址保护项目建设的工作方向，就牛河梁遗址已发掘的遗址点，市政府组织逐一编制了文物本体保护方案，目前《牛河梁遗址第一地点（女神庙）、第二地点（积石冢、祭坛）文物本体保护方案》已由清华大学建筑学院编制完成，上报国家文物局审批；市政府颁布了《朝阳市发展文化产业优惠政策》，为创建牛河梁遗址大遗址保护示范园区提供了政策保障。

3.加强保护

朝阳市政府制定了《牛河梁遗址保护管理条例》，加大保护力度；在全面压缩机构人员编制的情况下，不惜增加编制，成立了正县级的牛河梁遗址管理处，下设公安分局和值守巡逻队，采取严厉措施，及时打击制止各种威胁文物和环境安全的苗头；按照《保护规划》要求，市政府对保护范围内历史遗留的5家大型企业，全部进行搬迁或关闭，对废弃矿山进行回填和植被恢复，先后投入资金8000余万元；在积极保护的同时，市委、市政府把牛河梁大遗址的宣传工作融入各类政务、商务、文化活动中，借助各级媒体广泛宣传牛河梁遗址重要价值，不断提高社会公众自觉保护大遗址的意识。

4.优化机构

目前，牛河梁遗址保护范围被两个县分割，管理上存在较大弊端。为确保良性保护循环模式实现，我们规划在大遗址保护进展过程中，适时改变过去的管理体制，比照经济开发特区管理模式，建立具备一定行政职能的牛河梁遗址管理特区。

积极创建中国大遗址
保护的良渚模式

杭州市委常委、余杭区委书记、余杭区人大常委会主任

中共杭州良渚遗址管理区党工委书记

朱金坤

良渚遗址位于杭州市余杭区良渚、瓶窑两镇境内，是我国新石器时代晚期著名的考古遗址。良渚遗址保护和"申遗"工作历来受到各级党委、政府的重视，早在1961年，良渚遗址便被列入浙江省重点文物保护单位；1994年列入中国申报世界文化遗产名录预备清单，并被推荐为《中国21世纪议程》优先项目；1996年被国务院公布为第四批全国重点文物保护单位；2001年被列为全国大遗址保护一类一号项目；2006年良渚遗址再次入围国家文物局重设的《中国世界文化遗产预备名单》；2007年入选国家《"十一五"期间大遗址保护总体规划》确定的100处重要大遗址名录。迈入新世纪以来，良渚遗址保护步伐加快，各项工作健康稳定持续协调发展，大遗址保护、管理和利用取得了明显成效。现将近几年良渚遗址保护的有关情况汇报如下。

一、良渚遗址的价值

因良渚遗址命名的良渚文化，距今5300—4200年，是中国新石器时代长江流域最重要的考古学文化，以发达的犁耕稻作农业，精美的玉器、陶器、漆器为代表的专门化的手工业，具有文字风格的刻画符号，大型人工营建工程及金字塔形的社会结构为特征，是中国文明

多元起源的重要实证，在中国和世界文明进程中有着不可替代的重要地位和价值。

良渚文化分布于环太湖流域的江、浙、沪两省一市境内，其中良渚遗址规模最大、规格最高、内涵最为丰富。良渚遗址1936年发现，现知面积约42平方公里，已发现各类良渚文化遗存135处，20世纪80年代后，遗址区内反山、瑶山、汇观山、莫角山等遗址的发掘，曾经引起世界性的轰动，先后被评为全国十大考古新发现。2007年发现并发布的良渚古城遗址，以其超大规模和重要价值，被专家们视为"中华第一城"，并全票当选2007年度"全国十大考古新发现"，再次证明了良渚遗址在中国文明发展进程中无可替代的重要地位。良渚遗址区内发掘出土了数以千计的精美玉器、石器、陶器、漆器、木器和骨器等各类器物，这些器物与埋藏它们的遗址所构成的丰富信息库，蕴含了我国文明起源进程中的一段辉煌历史。良渚遗址不仅全面体现了良渚文化鼎盛时期的社会物质文化和精神文化内容，而且其典型性和代表性在良渚文化分布圈内绝无仅有，其规模之大、内涵之丰富，在世界同类遗址中也极为罕见。从历史、艺术、科学的角度看，良渚遗址

反山23号墓

反山12号墓玉琮

瑶山祭坛

是具有突出的普遍价值的考古遗址，它至少符合世界文化遗产评定的第一、第二、第三条标准。国家文物局称：良渚遗址重大价值的不断揭示，已经改变了以往人们对我国文明起源的时间、方式、途径等重大学术问题的认识，并将继续丰富人们对我国文明史的认识；良渚遗址是实证中华五千年文明史最具规模和水平的地区之一，今后应成为人们纪念、教育、观光的中华民族和东方文明的圣地。

二、良渚遗址保护工作情况

基于对良渚遗址价值和重要性的认识，各级各界高度重视良渚遗址保护，浙江省提出了"以申报世界文化遗产为总目标，以制订科学的遗址保护总体规划为先导，以建设国家遗址公园为抓手，以加快考古发掘和多学科研究为动力，以环境整治为突破口，整体推进，明确重点，分步实施，把良渚遗址保护提高到一个新的水平"的思路。在这一思路的指导下，各级政府正确处理"申遗"与保护的关系，坚持"积极保护"的方针和"保护为主，抢救第一，应保尽保"的原则，创

莫角山遗址

新思路，落实举措，着力实施良渚遗址综合保护工程，认真落实依法保护，努力改善遗址环境，强化遗产合理利用，努力把良渚遗址综保工程打造成民心工程、生态工程、文脉工程、竞争力工程，走出了一条具有余杭特色、符合余杭实际的大遗址保护新路子，并取得了明显成效。

1.保护管理网络逐步健全

为了加强和推进良渚遗址保护与"申遗"工作，多年来，浙江省、杭州市、余杭区各级大力加强保护管理领导力量，成立了相应的协调机构和咨询机构。1995年5月，浙江省良渚遗址群领导小组成立；2001年3月，浙江省成立由分管副省长任组长的良渚遗址申报《世界遗产名录》领导小组，同年2月，成立了由国内著名专家张忠培、严文明、黄景略等参与的良渚遗址申报《世界遗产名录》专家咨询委员会。

为了进一步加强良渚遗址保护管理力量，2001年9月，经浙江省人民政府批准，划定良渚、瓶窑两镇设立杭州良渚遗址管理区，区域面积242平方公里，管理区在杭州市的领导下，由余杭区负责管理。成立正区级（副厅级）的管理区管委会，并挂浙江省杭州良渚遗址管理局牌子，其管理职能是负责管理区范围的文物保护、城乡规划、经济开发、社会管理及其他工作协调与监督等,并受余杭区委托,对良渚、瓶窑两镇实施管理。杭州良渚遗址管理区工作总体思路是"以保护为目的,以开发为手段,以适度开发实现真正保护",除做好良渚遗址区遗址保护工作外,还直接负责杭州良渚经济园区的开发建设。经过几年的摸索和实践,鉴于管委会经济开发任务过重,为了充分发挥文物专职管理的功能,2008年2月,对管委会进行了体制机制调整,将原有的开发职能划转乡镇政府,管委会专职良渚遗址保护和"申遗"工作,这种体制的调整,使管委会挣脱了开发与保护"两张皮"的相互纠缠,职能定位更加清晰,更加明确。杭州良渚遗址管理区及其专职管理机构的设立,使良渚遗址能在更大地域范围内和更高层级上开展保护管理工作,成为近年来遗址保护工作较快推进的一个根本性举措。这种"文物特区"的模式,开大遗址保护之先河,为全国大遗址保护提供了可以借鉴的范例。

在资金投入上,杭州良渚遗址管理区成立以前,各级财政视良渚遗址保护工作需要,适时投入专门资金,用作具体项目的开展推进。2002—2004年,浙江省、杭州市、余杭区三级财政每年共安排1300万元良渚遗址保护专项资金,2005年到现在,三级财政安排的专项资金逐年增加。余杭区还通过社会筹措方式筹集了部分保护资金。这些资金虽然还不足以解决良渚遗址保护的根本性问题,但为过去几年中的环境整治、保护宣传、文物保护工作考核等提供了保证。

经过多年努力,良渚遗址范围内目前基本形成了以国家文物局及良渚遗址申报《世界遗产名录》专家咨询委员会为指导,省、市、区各级机构负责协调,良渚遗址保护专门机构负责具体工作实施,镇、村两级协调配合的良渚遗址保护网络,出现了各级共同投入,专家、政府、群众共同参与保护的良好局面。

2.保护管理法制建设渐趋完善

早在1995年,浙江省人民政府批准公布了《良渚遗址群保护规划》，良渚遗址保护工作自此真正进入依规划管理阶段。为了适应全国重点文物保护单位的保护要求和遗址考古发掘与研究的新进展，推进良渚遗址"申遗"工作，2001年余杭区委托中国建筑设计研究院建筑历史研究所编制了《良渚遗址保护总体规划》，经过几年的磨合，目前各方对新保护规划已基本达成一致意见，确定保护范围为42.02平方公里，建设控制地带23.9平方公里。这一规划有望在今年年底实现上报审批，从而为加强良渚遗址保护工作提供更为科学、可行的管理依据。在做好规划工作的同时，良渚遗址保护管理的立法工作也被提上议事日程，杭州市人大制订了《杭州市良渚遗址保护管理条例》，2002年6月1日起正式施行。《条例》共6章40条，对良渚遗址保护范围设定、管理机构职责、规划与管理、考古与展示利用、法律责任等做了较为详尽的规定，使良渚遗址保护管理工作在《中华人民共和国文物保护法》、《浙江省文物保护管理条例》等普用性法律法规外，第一次有了专门的针对性法规，进一步健全了保护管理工作依据。为了加强遗址保护中的行政执法工作，杭州市人大和余杭区委、区政府进行了多次专门协调，市人大明确良渚遗址保护区属于杭州市城市规划区，可以适用《中华人民共和国城市规划法》进行管理。在此基础上，余杭区明确城管执法、国土管理等职能部门要从各自职责出发，协同文物管理部门做好良渚遗址保护管理，从而形成了文物管理、城管执法、国土管理、公安等各部门共同参与、各司其职的遗址保护联合执法机制，成功杜绝了遗址盗挖和文物倒卖、贩卖等犯罪活动；有效遏制了遗址区内各类违法违章建设势头，保护区内2003年发生大小违章建设93起，2005年发生39起，到2007年已下降到29起，重点保护区实现无违章，避免遗址的人为破坏。

3.遗址管理工作稳步推进

良渚遗址地理位置的特殊性和遗址面大点多、区内人口密集的特点，使保护工作面临比其他地区同类遗址大得多的压力，城市化、经济发展、群众生产生活与遗址保护之间的矛盾十分突出。当地政府为缓解这些矛盾做了不懈努力，遗址管理工作在矛盾突破中有了新的推进。从1995年起，余杭市政府对遗址区内的基本建设规模实行严格控制，先后谢绝了10多亿元的投资项目，投资2.4亿元避开遗址区绕道改建104国道。为了从根本上缓解城市化进程对遗址保护形成的压力，余杭区制订了遗址所在的良渚、瓶窑两镇"跳出遗址区求发展"的战略，要求两镇在遗址区外开辟新的发展空间，实现建设重心的转移，并逐步吸引遗址区内人口向外转移。这一战略性思路的成效在近年逐步显现，两镇原有工业重心均位于遗址区内，目前主要工业区块都已转移至遗址区外。瓶窑镇还将政府办公楼迁至保护区以外，以带动城镇中心的转移。良渚镇也正在保护区外筹建政府办公用房。2004年开始，杭州良渚遗址管委会每年安排专门资金，实施村级文物保护目标考核，缓解了增加村集体经济收入与文物保护之间的矛盾，大幅提高了村级组织的遗址保护热情。由于多年的控制，遗址区内3.6万人口的危房改建成为保护工作中急需面对和解决的难题。对此，良渚遗址管委会制订了相应的引导策略，规定重点保护区内原有建筑需改建、新建的，必须向非重点区迁移，一般保护区内的创造条件向遗址区外转移，对部分因服从遗址保护需要而进行迁建的困难户，由管委会给予适当的经济补助。所有要求新建、改建的建筑，均由管委会会同省考古所现场踏勘，根据原有建筑的危险程度和所处的遗址区块，提出审核意见，报省文物局批准。这些年，通过这种方式先后解决了遗址区内600多户危房户和住房困难户的民生问题，部分缓解了保护与发展之间的矛盾冲突，找到了保护与发展之间的最佳平衡点和"最大公约数"。

4.遗址环境整治扎实开展

自20世纪90年代中期，加强整治，优化良渚遗址生态环境成为摆在当地政府面前的一个重大课题。在新的保护规划还没出台的情况下，当地政府创造条件，突出重点，投入巨大的人、财、物力，对照

《世界遗产名录》申报要求，扎实开展了环境整治工作。至2002年10月底，累计投入约1亿元，关停了良渚遗址区北侧天目山余脉的30余家石矿，对部分宕口实施了复绿整治。在104国道改建南移后，良渚遗址管委会会同良渚、瓶窑两镇政府对横穿遗址区的老国道两侧进行了综合整治，实施了电力杆线上改下，路面白改黑和路边绿化，使老104国道一跃成为遗址区的观光通道和"生态长廊"。

良渚古城位于良渚遗址的核心，是良渚遗址申报世界文化遗产的第一窗口。良渚古城面积约290万平方米，是近年来良渚遗址考古发掘的重大突破，它的发现证明良渚文化已跨越门槛，进入成熟的史前文明阶段。近几年来，余杭区和良渚遗址管委会共同努力，以政府收购、外迁安置等多种形式，搬迁了位于古城中心的莫角山遗址上10余家企业，拆除建筑1万余平方米。租用了大观山果园（莫角山遗址）700余亩农用地，并向上级部门反映将其划为文保用地。2007年，结合改善杭州市大观山果园职工生活居住条件要求，着手对位于莫角山遗址上的果园外场职工住宅及场部办公楼等共计1.79万平方米建筑实施整

良渚古城西墙白原畈段

良渚古城北墙2号探沟

体搬迁，投入资金累计达到7000余万元。古城遗址发现后，立足良渚古城范围大、搬迁与整治任务重的实际，一次规划分步实施，强化项目包装，按轻重缓急排定不同时期工作重点，积极争取中央和省市对良渚古城保护和环境整治支持力度。进一步细化了保护要求和措施，制订了良渚古城保护利用三年行动计划，明确了2008—2010年工作目标、任务，希望通过大规模的环境治理，使良渚古城景观环境得到较大改观，为日后良渚遗址"申遗"打好基础。

在突出上述重点工作的同时，其余遗址片区的环境继续得到有效控制，一些地段的环境通过农户搬迁、建筑整治等方式得到进一步优化。经过近几年来的努力，尤其是2000年正式着手《世界遗产名录》申报前期工作以后，良渚遗址生态环境得到明显改善，"申遗"稳健起步，受到了上级文物部门和各级政府的充分肯定。

（五）遗产利用合理展开

为了充分展示良渚遗址的内涵，2000年，浙江省文物局和浙江省考古所在报经国家文物局批准后，以汇观山遗址为试点，启动了汇观山遗址保护复原展示工程，迈出了遗址合理利用的第一步。为了适应良渚遗址最新考古研究进展和"申遗"要求，余杭区和良渚遗址管委会启动实施了以良渚博物院（良渚文化博物馆新馆）为核心的"美丽洲"建设项目，该项目已于今年国庆节前夕完工并盛装亮相。"美丽洲"项目按照建设"国内一流、国际著名"博物馆、打造新的杭州地标性建筑的定位和目标要求，以大博物馆理念，把新馆及周边800余亩地域打造为"美丽洲"，使其成为世界级旅游产品，成为杭州旅游西进的新亮点，带动周边区块的有机更新。良渚博物院主体建筑由英国著名设计师戴维·奇普菲尔德担纲建筑设计，占地约70亩，建筑面积1万平方米，于2005年正式破土动工。历时三年多的努力，投资1.6亿元，于今年9月19日完成室内陈列布展并开馆迎客。新开放的良渚博物院既是一家服务完善、设施先进、展示一流的现代化专题性博物馆，同时也是收藏、展示、宣传、研究良渚文化的中心和平台。与良渚博物院同时闪亮登场的"美丽洲"公园，原为石矿、化肥厂和沼泽地，为了给博物院带来良好的参观环境，我们投资近6亿元，高起点规划，大手笔整治，高起点建设，对良渚博物院周边的环境进行了综合整治，搬迁了区块内46家企业和农户，对所有土地进行重新布局，围绕博物院布置了大面积的环绕水系和多层次的绿化，并配套建设文化创意区、玉器市场和玉文化中心等功能区块，使"美丽洲"公园成为集度假、旅游、休闲、创意、欣赏、研究及教育为一体的创意示范园区。如今的"美丽洲"水天共地，鸟语花香，建筑与环境相映成趣，自然生态与深厚文化底蕴和谐交融。

为了实现文物资源向效益成果转化，余杭区和良渚遗址管委会决定启动建设良渚国家遗址公园，并积极开展了良渚国家遗址公园的规划招标工作。确定了以良渚古城遗址、塘山遗存、瑶山祭坛为重点，总面积达25平方公里的遗址公园设计范围，面向全球征集概念性规划设计方案，组织专家对入围的澳大利亚IAPA设计、美国MCM集团、德

大遗址保护高峰论坛文集

国SOL事务所、英国HBA公司、日本全日新建筑和中国文化遗产研究院+北京清华安地等6家设计机构的规划方案进行了评审，并拿出了优胜方案。按照遗址保护规划要求和良渚国家遗址公园建设思路，几年来，通过土地经营权流转的形式，充分利用良渚遗址区内的自然地形和水域密布的优势，整合土地资源，在宜建地段大力发展生态观光农业，努力在保护遗址、改善生态的同时，创造条件解决当地农民就业、增收和村级经济发展问题。

与此同时，依托良渚遗址五千年文明积淀，大力发展文化创意产业。制订了《杭州市余杭区建设"创意良渚"基地三年行动计划（2008—2010）》，稳步推进创意良渚基地建设各项工作。着眼于整合全国各地玉文化研究资源，与中华民族文化促进会合作，成立了中华玉文化中心。设立了"良渚论坛"，并于今年10月承办首届活动——"2008中华文化论坛"，以此为契机，打好"良渚"牌，打响"余杭"牌，为良渚遗址发展文化创意产业宣传造势。

（六）保护宣传工作得到加强

编写了《走进良渚文化》校本课程，在余杭范围内学校广为推广。设立良渚文化青少年研究与宣传基地，加强对青年学生的遗产教育。举办了良渚文化博物馆10周年馆庆、良渚文化学术讨论会、史前遗址博物馆研讨会、"文化遗产日·良渚文化宣传周"、"良渚文化杯"全国越剧演唱会大赛、良渚遗址出土文物展览等大型活动，开展了良渚遗址新近出土文物特别展、反山—瑶山出土玉器精品展，组织部分文物参加在国家博物馆举行的"良渚文化文物精品展"。充分利用良渚古城被评为"2007年全国十大考古新发现"的契机，进一步加强宣传力度，通过人民教育出版社将良渚文化和良渚遗址列入了初中二年级的《历史与社会》教科书，这是良渚遗址第一次进入全国性的中学历史教材。

同时，良渚遗址管委会还组织浙江省考古所、省社科院及管委会的专家，从各自的研究专长出发，撰写了《良渚文化研究丛书》。与有

积极创建中国大遗址保护的良渚模式

关部门合作，编写了《良渚文化：文明的实证》和《良渚文化简志》。出版了《文明的曙光——良渚文化》、《良渚文化论坛》(每年一期)、《良渚遗址随想》等各类研究性和普及性刊物，提高了良渚文化、良渚遗址在国内外的知名度。

经过多年的宣传教育，良渚文化、良渚遗址的价值和重要性已为社会各界广泛接受，"保护良渚遗址，传承中华文明"已逐渐成为各级政府和各界人士的共识。当地干部群众也对良渚遗址"申遗"工作提出了迫切要求，希望当地人引以为豪的这一宝贵遗产能登录《世界遗产名录》，走出当地，走出中国，真正成为全世界人类所熟知、共享的共同财富。来自社会各界，尤其是遗址所在地干部群众的广泛共识和迫切要求，已成为良渚遗址保护和"申遗"的巨大推动力。

三、下一步工作思路

近几年的摸索和实践，为良渚遗址保护和"申遗"开好了棋局，铺平了道路，打好了头阵，但这只是万里长征的第一步，良渚遗址的保护、管理和"申遗"事业依然是任重而道远。未来几年、十几年，良渚遗址保护将继续围绕"保护良渚，申报世遗"的目标，以合理利用为抓手，在确保遗址安全的基础上，积极开展遗址环境整治，启动《世界遗产名录》申报，建设良渚国家遗址公园，形成保护与"申遗"互动、环境整治与遗址公园建设有机衔接的局面，遗址保护在现有工作基础上取得新的更大成效。

1.遗址得到有效保护

始终围绕确保遗址安全目标，认真贯彻《中华人民共和国文物保护法》、《浙江省文物保护管理条例》、《杭州市良渚遗址保护管理条例》等法律法规，健全保护管理制度，提高管理能力；坚持多部门联合执法，各司其职，形成管理合力；加大宣传教育力度，提高社会各界文物保护意识和主动参与程度，群策群力，群防群护，巩固文物保护大网络。加大力度控制遗址区内基本建设，着力解决遗址保护与群众生产、生活及当地经济社会发展的矛盾，避免遗址受到人为破坏。加快建设中心的战略转移，在遗址区外形成优良的就业及生活条件，动员和吸引遗址区内人口向遗址区外转移，进一步化解城市化进程对保护形成的压力。引导和支持保护技术研究，加强土遗址抵御自然侵蚀的能力，降低自然力侵蚀风险，缓解遗址退化进程。在确保安全的前提下，按照"申遗"目标，争取良渚遗址保护总体规划尽早出台，制订各类控制性详规。以规划为指导，积极开展保护项目调研、包装和上报立项，争取各级重视，解决用地指标，加大财政投入，稳步开展遗址区内现有人口和建筑的外迁与整合工作，围绕良渚古城、莫角山、塘山等重点遗址，加快推进遗址区环境整治，进一步优化遗址区环境，为"申遗"夯实工作基础。在条件成熟后，适时提请省政府和国家文物局启动《世界遗产名录》申报程序。

2.合理利用初显成效

在保护规划批准实施后，及时做好良渚国家遗址公园建设规划的编制、论证、实施工作，妥善解决一次规划与分步实施，民居建筑、村落保护，水系、植被保护，公园建设与考古工作相互促进等诸多问题。坚持以良渚古城为中心，充分挖掘良渚遗址最具文化价值和展示价值的内容；坚持以自然生态为基础，在考古研究基础上，保护和修复良渚遗址最鲜明、最具独特性的自然生态；坚持以综合利用为手段，认真研究良渚国家遗址公园的经营业态，确保建成后的良渚国家遗址公园"活"得下来；坚持以积极保护为方针，以保护为目标，以展示为手段，通过适度利用来实现良渚遗址真正的保护。依托良渚博物院，充分利用出土的可移动文物，构筑展示良渚文化和良渚遗址的宣传、研究、教育阵地。有机衔接良渚博物院与遗址现场展示，点面结合，初步形成良渚博物院—遗址考古发掘现场—良渚国家遗址公园等不同层面组成的大众化的遗址展示与认知体系，并以此引导产业结构调整，加快旅游服务业发展，实现加强文物保护与提高群众生活水平的相互促进。大力发展以良渚文化为核心的文化创意产业，实现文物资源向经济资源、向生产力的转化，把创意良渚基地打造成在国内具有鲜明特色、一定影响的文化创意示范园区。加强与境内外文物保护机构的交流与合作，创造条件开展良渚文化文物境外展示，提高良渚文化、良渚遗址的国内外知名度。

3.保护制约因素得到有效缓解

针对良渚遗址保护中搬迁安置用地指标难题，在保护区外明确相对集中的农居点和工业区块，提请上级政府重视，给予政策倾斜，视保护推进速度逐年落实相应的用地指标，确保遗址区内建筑和人口外迁工作顺利实施。针对保护工作资金需求量大的情况，按照"财政保障，努力自筹"的思路，提请国家文物局和地方各级政府重视，在保证现有资金投入量的基础上，完善投入机制，加大资金投入。设立"良渚基金"，面向社会多渠道筹措用于保护工作的部分资金。针对目前遗址管理体制机制中存在的不足，通过人才引进和加强培养等方式提高文物管理队伍水平，进一步完善与各职能部门的联合执法机制，充分调动和发挥基层组织和干部群众的保护积极性，使良渚遗址保护和"申遗"成为全民性的活动与事业。

良渚文化是中华文化的一颗璀璨的明珠，我们有责任传承好、弘扬好这一优秀的历史文化。保护良渚遗址，只有起点，没有终点；只有逗号，没有句号。总的来看，经过几年的努力，良渚遗址保护与"申遗"工作发展势态良好，这些工作的推进，离不开各级领导的重视，离不开社会各界的帮助与支持。良渚遗址属于历史，属于现在，更属于未来。我们将一如既往、不遗余力继续推动良渚遗址的保护，积极创建中国大遗址保护的良渚模式，通过积极保护，有效展示，合理利用，让良渚文化再活一个五千年，使良渚遗址这一优秀的人类历史文化遗产永续传承下去。

开封市大遗址保护工作开展情况及成果介绍

开封市人民政府

一、开封市大遗址基本情况

开封是全国首批公布的历史文化名城，著名的七朝古都，早在七八千年前就有人类在此繁衍生息，战国时代的魏，五代的梁、晋、汉、周以及北宋和金七个封建王朝都曾先后在此建都。悠久的历史赋予了开封众多的文化遗存，留下了灿若群星的文物遗迹，其中有"国保"单位北宋东京城遗址、鹿台岗遗址；有"省保"单位启封故城、椅圈马遗址、康王故城、段岗遗址；也有属于市、县级文保单位的数十处不同类型的遗址。这些古遗址是开封作为古城的历史见证。

目前我市在遗址保护利用方面着力较多的是北宋东京城遗址、当下正积极参与大运河申遗工作的大运河汴河段遗址及鹿台岗遗址。

北宋东京城　北宋东京城处在开封发展的鼎盛时期，北宋王朝在这里历九帝凡一百六十七年。从此，开封取代了自周秦以来长安、洛阳的地位，不仅成为全国政治、经济和文化的中心，而且堪称中世纪规模最大的国际性大都会。北宋东京城共有外城、内城和皇城三重城墙，其中外城周长"五十里一百六十步"，规模庞大，诸如中外闻名的州桥、金明池、琼林苑等都包含在内。

大运河汴河段 大运河是世界上开凿最早、航程最长的人工运河，由永济渠、通济渠、邗沟和江南河四部分组成。汴河，始于战国魏惠王攻占大梁后开挖的鸿沟，隋时名通济渠，唐代又称广济渠，它沟通江淮，成为大运河的主干，在中国历史上起到了推动区域发展的巨大作用。尤其对于横跨汴河两岸的开封来讲，隋唐至宋的汴河，其漕运畅通与否，直接关系着开封的繁盛与衰落，故有"汴河通、开封兴；汴河废、开封衰"之称。

鹿台岗遗址 鹿台岗遗址是位于开封杞县的一处保存较为完好的聚落遗址，总面积23760平方米，文化堆积厚，文化层自下而上依次为仰韶文化、河南龙山文化、先商文化、岳石文化、早商文化、春秋时期文化，出土器物有陶器、骨器、石器、蚌器、牙角器、铜器等，遗迹、遗物丰富。该遗址岳石文化、二里头文化、先商文化的发现，填补了"豫东夏代"这一学术上极为敏感的时空范畴的空白，对研究东夷、夏、商三种文化的交汇和分界问题具有重要的学术价值。

二、工作开展情况及成果

（一）对于北宋东京城的保护研究和利用，历来是我市的重点工作之一。

1. 早在20世纪80年代，就成立了宋城考古队(隶属开封市博物馆)进行遗址的勘探发掘工作，之后又脱离博物馆成立了专门的文物工作队。经多年来的考古勘探发掘，已初步摸清了外城、内城的轮廓、范围和一些城门的位置。1981年秋，在清理潘杨湖湖底淤泥时，发现了宋皇宫的部分遗迹，初步摸清了皇城的大致范围。2004—2008年，经国家文物局批准，我市文物工作队对开封市西区开展了考古调查及勘测工作，并取得了重要收获，相继探明了宋外城西墙中段、埽子门、城壕护坡、金明池等重要遗址，在寻找战国时期魏都大梁城方面也获得了重要线索。

2. "四有"是文物保护的基础性工作，对于北宋东京城遗址而言，我市早在20世纪90年代就搜集有关资料，建立了科学、详细的文物档案；2004年根据实际情况，重新划定了遗址的保护范围，并由河南省政府予以公布；至21世纪初，还先后制作树立了新郑门遗址、北门瓮城遗址、州桥遗址、朱雀门遗址、龙津桥遗址、外城东水门遗址、外城西墙遗址等北宋东京城各类遗址的文物标志牌，以宣传、展示古城遗址。

3．开封是一座历经千年而城市基址未发生较大偏移的独特古城，"城摞城"是古城的一道绮丽景观。而新兴的城市要发展，要建设，古老的遗存要保护、要利用，似乎成为不可调和的矛盾。为正确处理好城市建设和遗址保护的关系，我市有关部门紧密配合，规划建设单位做好城市规划控制，文物部门严格审核，对每一项基建项目用地进行文物勘探，并借此摸清古城格局，再将信息反馈给规划建设部门，对规划再进行调整，从而使重要遗迹免于被占压或破坏，使城市建设和文物保护沿着"两利"的方向，有序健康地发展。

（二）大运河汴河段的保护是适应"大运河申遗"而做的一项重要工作。

2005年3月，全国政协委员曾提出保护大运河并申报世界文化遗产的提案，得到国家文物局的鼎力支持。我市文物部门遂于该年9月制定了隋唐大运河开封段文物调查钻探的课题方案，并于同年12月得到国家文物局的批复立项，2006年初得到国家100余万元专项资金的支持。同期积极组织人员进行收集整理与汴河有关的史料、笔记、论文、论著等基础工作，并开展实地调查。主要内容包括汴河故道及两岸古代的建筑、桥梁等不可移动文物以及地名来源、故事传说、碑刻题记等。调查以沿途实地踏查为主，分别以文字、表格、图纸（绘图）、照片和录像等手段加以记录。同时还确定了北宋东京城新郑门遗址、开封城墙、延庆观、州桥遗址、山陕甘会馆、大相国寺、铁塔、繁塔等八处重点文物保护单位（其中六处"国保"单位，两处"省保"单

开封市大遗址保护工作开展情况及成果介绍

位）名单作为我市申遗点，并加紧对有关资料的搜集整理。

通过两年来的田野调查和勘探工作，目前，我们已基本上摸清了大运河汴河段故道的走向、位置、保存现状等信息。该段运河故道在我市全长约80公里，其中市区约25公里，开封县段约25公里，杞县段约30公里。沿线发现了一批重要的与汴河有关的文物：有"狭河木岸"遗址1处，古桥梁4座，粮仓遗址1处，寺庙遗址2处，古村寨1处，古墓葬1处，古石碑5通。此外还有古建筑构件、格扇门等若干，为制定汴河下一步发掘工作方案奠定了基础。

（三）1963年6月20日，河南省人民委员会将鹿台岗遗址公布为第一批省级文物保护单位后，其保护工作逐渐步入正轨。

20世纪80年代即划定了保护范围，并设立界桩、标志牌，建立了业余保护组织。1989—1990年郑州大学历史系同开封市文物处、开封市博物馆联合，连续两次对该遗址发掘，取得了大量第一手资料。发掘工作完成后，杞县文物保护管理所为之建立了科学的记录档案。2006年5月25日被公布为第六批全国重点文物保护单位。

通过科学细致的发掘和研究整理，一系列成果，如《河南省杞县鹿台岗遗址发掘简报》（《考古》1994年第8期），《论杞县与郑州新发现的先商文化》（中国社会科学院考古研究所编《中国文化国际学术讨论文集》，中国大百科全书出版社，1998年9月）《豫东杞县发掘报告》（科学出版社2000年7月）陆续发表，鹿台岗遗址的作用和意义日益显现。

三、下步打算

（一）文物重在保护，也要充分发挥利用其价值，为两个文明的建设作出贡献。北宋东京城遗址的利用目前已取得了初步进展，市政府已决定对外城新郑门遗址进行发掘展示，建立遗址博物馆，以多种手段向游人介绍古老的开封文化、辉煌的北宋东京城。该项目已由市发改委正式立项，我市规划城建部门做出了规划并初步选址，现正在积极编制新郑门遗址博物馆可行性研究报告。目前申请列入河南省十大文化产业发展项目、开封市重点文化产业项目。

（二）对大运河汴河段，日前，我市文物工作者正在开展对河道本体上的桥梁、堤坝、码头等关键节点和汴河段故道沿岸重要水利、仓储、军事等设施的文物勘探工作，目的是寻找价值较大的考古发掘点，为今后的考古发掘做准备。同时，我市文物管理局按照国家、省文物主管部门的要求，正着手启动辖区内大运河申遗项目保护规划的编制工作。

（三）对于鹿台岗遗址，我市将重点放到突出表现其是东夷、夏、商三族交汇之地、是三种考古学文化的分界方面，以出土实物和地望显示夷、夏、商的分界和起源，反映上古时期中华民族交流、融合、共同发展的史实，计划先行组织编制规划，条件成熟再进行遗址展示利用。

城市建成区大型城市考古遗址的整体保护规划对策研究

——以隋唐洛阳城遗址保护总体规划为例

中国建筑设计研究院建筑历史研究所　陈同滨

问题的提出

中华民族悠久的文明史造就了众多的文化遗产，特别是那些在我国文明与文化的鼎盛发达时期创建的都市遗址，是实证中华民族5000年文明发展史最综合的物证，携带了丰富的历史文化信息，是国家文化遗产的精髓所在。

这类历史上重要的中心城市遗址在我国的全国重点文物保护单位中，均属于规模较大、遗产价值突出的大遗址类型，其中相当一部分位于历史文化名城的城市建成区，或部分与城市建成区叠加，也有在

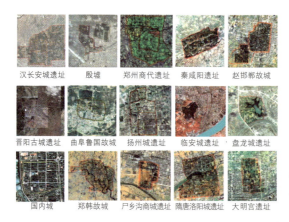

汉长安城遗址　　殷墟　　郑州商代遗址　　秦咸阳遗址　　赵邯郸故城

晋阳古城遗址　曲阜鲁国故城　扬州城遗址　临安城遗址　盘龙城遗址

国内城　　郑韩故城　尸乡沟商城遗址　隋唐洛阳城遗址　大明宫遗址

图1 中国部分位于城市建成区或城乡交接部的城市考古大遗址

图 2 邯郸·赵邯郸故城 （20 km²）

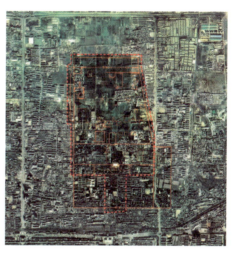

图 3 西安大明宫遗址 （3.2km²）

近年城市化进程中划入开发新区的。

在我国20世纪的城市建设和经济发展条件下，这类遗产的保护工作很难进入到城市发展规划中，遗产保护工作完全处于被动局面。自从我国的社会经济发展进入21世纪之后，持续的经济快速增长和大规模的城镇化建设高潮直接对这类遗址的保护工作构成极大冲击。

其中除北宋东京城遗址（位于地下7米）和赵邯郸故城中的郭城部分（位于地下6—9米之外）因掩埋较深、相对安全之外，其余城址的地下遗存均已面临着新一轮城市建设的直接破坏和威胁。

因此，在我国高速发展的城市化进程中，位于城市建成区的大型城市考古遗址的保护问题在双重压力下呈现在人们的面前：一方面是大规模的城市建设活动将进一步对遗址造成新的破坏威胁，遗址保护问题刻不容缓；一方面是城市的历史文化价值在构筑和谐社会的趋势中不断提升，遗产的社会作用受到各级政府和广大公众前所未有的关注和期待。

面对这一新的形势，以20世纪既定的"配合基建"的考古方式替代大型城市考古遗址的保护，实际上已经不能满足形势发展的需求，反而为"蚕食"遗产的整体价值提供了"合法途径"。

在目前UNESIC和ICOMOS已有的宪章文件中，无论是《内罗毕建议》（UNISEC,1979）还是《华盛顿宪章》（ICOMOS，1987），有关"保护历史城镇与城区"的内容均以地上建筑及其环境为主要保护目标，基本未涉及历史城镇的地下大型考古遗址的保护问题。

同样，在目前有关考古遗址保护的国际宪章，如《关于保护景观和遗址的风貌与特性的建议》、《威尼斯宪章》、《关于在国家一级保护文化和自然遗产的建议》、《考古遗产保护与管理宪章》中，也没有直接针对城市建成区大型考古遗址整体保护的准则条款。

在意大利罗马，奥古斯都广场位于城市建成区中心地带。在罗马的城市总体规划中，采用了建设新城、保护老城的方式，从根本上避免了城市建设对历史地区、包括地下文物埋藏部分的破坏威胁。

在中国，历史文化名城的建设在1980年代以前受到经济实力的明显制约，很难在建成区之外开辟新城、创建新的城市中心。因此，在老城旧址上不断翻新建设就成了中国历史文化名城的基本保存现状。

2006年12月2日，国家文物局局长单霁翔在北京召开的专家座谈会上积极评价《西安宣言》重要意义的同时，特别指出我国文化遗产保护中存在的三大突出问题及其应对措施。

其中第二大突出问题便是古代城市遗址保护规划严重滞后。"据介

图4 意大利罗马奥古斯都广场

绍，全国重点文物保护单位中有138项是大型古代城市遗址，迄今为止，只有16个城市遗址有保护规划，占总数的11.6%，目前正在编制规划的也只有46处，这两项加在一起还不到50%"。

作为应对措施，单霁翔局长指出应"督促各地尽快制定古代城市遗址保护规划，推动遗址保护规划纳入城市的整体性规划"。

因此，城市建成区的大型考古城市遗址整体保护规划不仅是现代城市规划理论与技能所面临的重要挑战，也是世界文化遗产保护领域的新课题。

现以正在编制中的《隋唐洛阳城遗址保护总体规划》（以下简称遗址保护总体规划）为例，对国家级历史文化名城的城市建成区大型考古文化遗产整体保护的规划框架与策略进行初步的探讨。

1. 隋唐洛阳城遗址概况

1.1 遗址历史沿革与现状简介

北宋西京

五代（四朝）都城

唐代东都城

隋代东都城

| 7世纪前 | 7 | 8 | 9 | 10 | 11 | 12 | 12世纪后 |

——隋唐洛阳城始筑于605年(隋大业元年),约废毁于1141年(宋绍兴十一年),其间历隋、唐、五代、北宋四代约530余年,多次成为全国的政治、经济中心或副中心。

——1950年代以来,洛阳成为我国重要的工业城市。经过近50年的建设,城市建成区面积增长近30倍。

——在大规模的工业化、城市化进程中,洛河以北的宫皇城区已被城市建成区覆盖,建有大型工业企业洛阳玻璃厂等。

——洛河以南城址分布区土地归属今安乐、古城、李楼3乡镇近30个村落。

——1988年隋唐洛阳城遗址由国务院公布为第三批"全国重点文物保护单位",洛南里坊区的城市建设活动受到一定控制。

图 5 隋唐洛阳城遗址现状图

1.2 地理环境简况

——隋唐洛阳城遗址及其相关山形水系均分布于河南省西部伊洛河流域洛阳盆地。

——该盆地位于黄河流域中心位置,属我国地势的第二阶梯和第三阶梯过渡地带。作为古代文明的发源地,人地相互作用的历史源远流长。是我国生态环境过渡的一个重要地带。

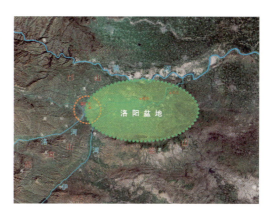

图 6 洛阳盆地地理
环境示意图

——隋唐洛阳城位于盆地西部，自古就是中原的交通枢纽。被古人誉为"天下之中"、"四险之国"，在中国历史地理空间上具有显著的"居中"特征。

——以上诸项优越的气候条件、地理位置及其高度的战略价值，使其成为中华文明发展史上著名的兵家必争之地和帝王建都之处。

1.3 市域文化资源

——洛阳是具有三千多年历史的古城，先后有东周、东汉、曹魏、西晋、北魏（孝文帝以后）、隋（炀帝）、武周、后梁、后唐等九个王朝在此建都，长达934年，号称"九朝古都"，是中华民族历史文化的发祥地之一。1982年经国务院批准列为第一批历史文化名城。

——目前在洛阳市域范围内共拥有16处全国重点文物保护单位：有世界文化遗产龙门石窟，有5大都城遗址，有邙山古墓群。这些国

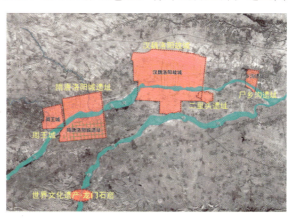

图 7 "洛阳片区" 重大
文化资源分布图

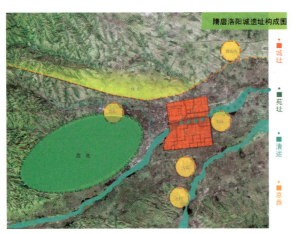

图8 隋唐洛阳城遗址
构成图

家级的不可移动文化遗产分布在伊洛河两岸环境优美的洛阳盆地,构成了洛阳丰厚的城市文化资源。

1.4 遗产构成概况

——规划根据隋唐洛阳城的整体格局所反映的营城、建苑、开渠及丧葬等主要营造活动,将本遗址整体保护目标分为城址、苑址、漕运遗址遗迹和墓葬4大部分。

2.遗产价值评估简介

2.1 遗产价值构成

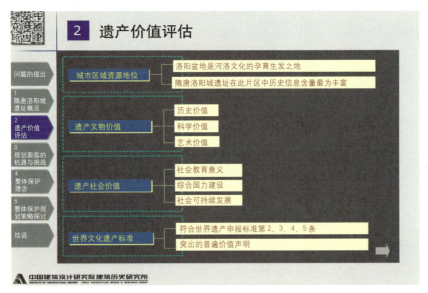

2.2 遗产文物价值简述

——隋唐洛阳城作为帝国东都（东京），是中国7—10世纪中华文明史上鼎盛时期的重要物证。

——隋唐洛阳城的整体格局中包含了诸多中国古代城市规划模式，是中国农耕文明中期传统城市的典型代表，在中国古代都城发展史上占有重要地位。

——隋唐洛阳城是丝绸之路的东方起点之一，是7—10世纪具有世界影响的国际大都市之一。

图 9 隋唐洛阳城
复原示意图

图 10 隋唐洛阳城
遗址出土文物

——隋唐洛阳城的规划模式对周边其他国家和地区、特别是东亚各国古代城市的规划产生过深远影响。

——洛南里坊区遗址具有不可替代中国古代都城考古地位。

—— 富有探索性的古代城市综合漕运水系规划——洛水贯都,是7—10世纪中国运河城市的典型范例。

——拥有类型丰富、信息众多的中国古代园林遗址和造园艺术研究价值。

——隋唐洛阳城遗址的出土文物具有很高的艺术价值。

3.规划面临的机遇与挑战

3.1 机遇

洛阳城区既是我国历史上若干重大遗址遗迹的密集分布区,同时又曾是新中国重点建设的工业城市之一,文物保护与城市发展的局部矛盾历来突出。特别是在我国21世纪初叶高速、稳定、持续的城镇化发展趋势下,洛阳也正在谋求城市发展的新规模:

—— 2006年国家文物局将"洛阳片区"的隋唐洛阳城、汉魏洛阳城、二里头和尸乡沟商城四项大遗址列为《国家"十一五"时期文化发展规划纲要》重点工程项目,成为我国大遗址保护工作的重中之重。

——同年,洛阳市政府开始组织第四轮城市总体规划的修编。

鉴于上述两项规划工作的同时启动,构成了协调位于城市建成区的大遗址保护与城市发展问题的最佳契机。即:在这个城市大发展、城市空间大转移的关键时期,如何在土地严重紧缺、人口与资源矛盾尖锐的条件下,合理协调遗址保护和城市发展对同一块土地提出的不同需求。

3.2 挑战

挑战一:土地资源

在高速发展的城镇化进程中,隋唐洛阳这一大型古代城市遗址不仅将受到城市建成区的包围,其分布范围内的土地利用性质也正受到城市建设和发展的急迫需求。

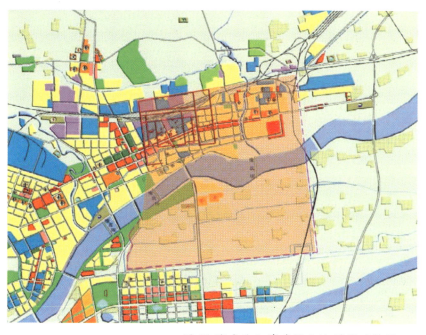

图 11 隋唐洛阳城遗址土地利用现状图

在河南人口密度极高、土地资源紧缺的背景条件下，如何在满足隋唐洛阳城遗址保护要求的同时、合理规划城址范围内的土地利用问题，是《遗址保护总体规划》必须面对的重要挑战。

洛阳地区各类用地对比表：

文化遗产占地面积 （未包括龙门石窟、邙山古墓群等）		洛阳城市规划用地 300km²	洛阳盆地面积 1500km²	洛阳市域规划用地 15000km²
隋唐洛阳城址	47km²	16%	—	—
5大都城遗址	309km²	19%	20%	—
邙山古墓群	750km²	—	—	7%

挑战二：洛南遗址保护与三农问题

·遗址突出价值

——洛南里坊区是我国文明发展史上、特别是鼎盛期之一的隋唐都市保存最完整、规模最大的里坊制遗址区。

——洛南里坊区是中国农耕文明领先于世界文明(7—10世纪)时期的城市住居模式的最佳范例。在文化价值上具有突出的资源意义。

图 12 隋唐洛阳城遗址·洛南遗址区遗存分布图

·洛南遗址区镇村现状

洛南里坊区占地面积 25 平方公里,现有:

——2 个乡镇的 24 个村、3 个居民委员会,共计 5.95 万人(农业人口 4.34 万人、城镇人口 1.61 万人);

——企事业单位 442 家;

——平均人口密度 2300 人/平方公里,农民人均耕地 0.5 亩。

·洛南遗址区保护现状

——自 1988 年划为第三批全国重点文物保护单位、1989 年政府公布保护范围后,保护范围内的村镇建设用地从 310 公顷(1985 年)增长到 847 公顷(2003 年),用地规模在 18 年间增长 173%。

如何协调解决这 25 平方公里内的大遗址保护与 6 万居民的生产生活问题,是《遗址保护总体规划》必须面对的第二项挑战。

挑战三:洛北遗址保护与城市发展问题

洛北遗址区包括宫城、皇城、(洛北)外郭城、东城、含嘉仓城以及上阳宫等,是隋唐洛阳城重大遗址遗迹的集中地带,在我国文明发展史上具有重要意义。

但由于1950年代洛阳作为新兴工业城市，开展了大规模城市建设，并在遗址区兴建了一批大型工业和仓储设施、如洛阳玻璃厂等，致使18.24平方公里的洛北遗址区已经全部为城市建筑物叠压。

在洛北宫皇城区遗址277.7公顷土地上，现有：

——现有11家工厂、占地35%；

——40家单位宿舍和家属院、占地25%；

——城市道路占地11%，陇海铁路占地7%；

——23家公司、占地6%，5家仓库、占地5%，10家商业服务、占地3%，10家中小学、占地3%，余5%为行政办公等；

——文物古迹用地仅占0.46%。

图13 隋唐洛阳城遗址·洛南遗址区人口密度现状图

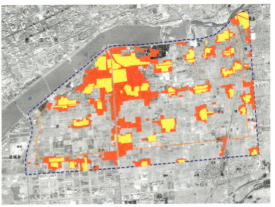

图14 隋唐洛阳城遗址·洛南遗址区村镇建设用地增长示意图（黄色为1985年的村镇建设用地，红色为2003年的村镇建设用地）

图15 隋唐洛阳城遗址·洛北遗址区宫皇城分布范围现状

在这一现实条件下，如何从遗址文化价值的整体保护要求开展洛北遗址区的保护，是《遗址保护总体规划》必须面对的又一艰难挑战。

挑战四：遗产价值整体保护问题

从遗产保护的理念和遗产的价值分析来看，隋唐洛阳城遗址作为一处国家重要大遗址，其遗产构成不仅仅局限于全国重点文物保护单位所公布的"城址"范围，还应包括一个遗产价值导出的、具有直接关联的苑址、漕运遗迹和墓葬的完整遗存体系。

现在考古研究方面存在诸多的不确定因素，如何解决隋唐洛阳城遗址的整体保护问题是《遗址保护总体规划》必须面对的第四项主要挑战。

4.整体保护理念

4.1 整体保护理念分析

目前在中国运用"整体保护"（Integrated Conservation）理念主要有3种"所指"：

——第一种专指完整保护遗产本体及其相关环境，包括空间历史格局。强调保护应注重遗产与历史环境（Historic Environment）的有机联系。这是自《威尼斯宪章》之后，特别是人们对遗产环境的价值认识不断提升所致。

——第二种运用于历史文化名城保护规划中，专指使保护规划(Conservation Planning)的需求和城镇规划的目标协调一致。该类概念自《内罗毕建议》和《华盛顿宪章》之后在历史文化名城和历史街区保护规划中运用较多。

——第三种运用于大型文化遗产、特别是大遗址保护规划中，它既包含了完整保护遗址本体及其环境，也包含了遗产保护与遗产地和谐发展的规划目标。

此外，1990年10月国际古迹遗址理事会全体大会第九届会议在洛桑通过的《考古遗产保护与管理宪章》中，专门提出了由土地利用规划以及文化、环境、教育等政策构成的考古遗址"整体保护政策"(Integrated Protection Policies)。

4.2 在本规划编制中的解读

隋唐洛阳城遗址的"整体保护"属于第三种类型，在城市建成区中，大型城市考古遗址的"整体保护"既包含了对自身价值载体（包括本体与环境、包括不可移动文物）的完整保护、即规划目标，也包含了谋求遗产保护与遗产地社会经济发展的协调（包括土地利用规划等），即实施途径。

因此，本规划结合中国特色，提出"整体保护，和谐发展"为规划目标。

5.整体保护规划策略探讨

5.1 规划目标与原则

整体保护（Integrated Conservation）——整体保护遗产文化价值。

和谐发展（Harmonious development）——遗产保护与城市的可持续发展。

资源整合（Resources integrate）——统筹协调大遗址与区域文化

资源的保护利用。

集成创新（Integration innovation）——集成创新多学科、多领域、多层次的城区大遗址整体保护规划技术。

系统展示（Systemic interpret）——充分、完整地揭示和传播遗产文化价值。

5.2 "整体保护"主要规划策略

（1）坚持遗产文化价值的"整体保护"、突破国保单位公布范围

规划围绕整体保护遗产文化价值这一规划目标，首先对遗址构成作出分析评估，将保护对象扩展到城址、苑囿、漕运、墓葬。由此，规划范围突破国保单位公布的城址47平方公里，扩展到洛阳盆地，以求实现遗址"价值整体"的完整保护。

（2）调整保护区划、增加区划层级

规划围绕整体保护遗产文化价值这一规划目标，在城址保护规划中，按照遗产不同的价值载体、保存现状及其保护力度的差异，将原来的2类保护区划（保护范围、建控地带）扩展到3类保护区划7种类别（增加了地下文物埋藏区），突出了重点保护对象，区分了地上、地下遗产保护措施的差异，区分了城建区和农村保护措施的差异，加强了保护规划的有效性和可操作性。并通过城垣保护带和视通廊，实现隋唐洛阳城"整体格局"在城市空间上的保护框架。

图16 隋唐洛阳城遗址·保护区划现状图（左）与规划调整图（右）

（3）根据保存环境、制定展示方式

规划围绕整体保护遗产文化价值这一规划目标，在洛北的宫城区中心部位策划"宫皇城遗址展示区"；在洛南的里坊区以保留农业用地为主、增设遗址公园为辅，追求成片的整体保护效果。

5.3 "和谐发展"主要规划策略

"和谐发展"的主要途径是通过一系列规划手法，协调遗产保护目标与城市规划目标，最终将遗址保护区划和主要措施纳入城市总规，实现和谐发展。

·洛南里坊区

在洛南遗址保护区内，本规划采用的是城乡结合部"城中村"大型考古遗址保护规划对策，包括土地利用性质调整、社会人口调控、交通组织调整等措施。

（1）土地使用性质调整

经由土地使用规划，对下列环节进行统筹策划，实现遗址地保护

图 17 隋唐洛阳城遗址·洛南里坊区土地使用规划图

与社会发展的可持续关系：城中村 => 农业用地保护·农村人口安置 => 大遗址本体保护 => 大遗址文化价值展示 => 遗址公园。同样，也是经由土地使用规划，与农业用地保护相结合后，可将遗址保护区划和主要措施纳入城市总规。

规划在土地使用情况调整方面，对洛南里坊区保护范围内6类2581公顷调整如下：

——仍保持农业用地为主（11平方公里），且人均耕地面积略有提高；

——增加了968公顷的遗址展示和唐宋名园主题公园用地，为城市增加近10平方公里的绿化空间，可改善城市生态功能；

——通过土地集约使用的迁村并点和城市化人口调控，大幅度降低村镇建设和道路用地5.5平方公里。

通过上列各项土地使用指标的统筹规划，整个洛南里坊区的展示园区的土地利用包含了下列4种类型，不仅可改善洛南遗址区内的农村、农民、农业发展问题，同时可实现遗址"整体保护"规划目标。

——农业用地，占43%；

——遗址公园集中展示用地，占38%；

——里坊道路格局网，占16%；

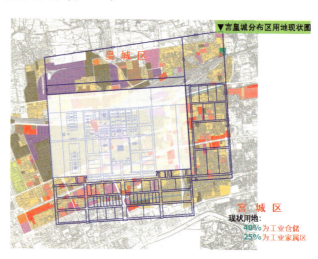

图18 隋唐洛阳城遗址·洛北宫皇城区土地使用现状图

—— 遗址博物馆，占3%。

（2）社会人口调控

在洛南遗址区，规划按照遗址保护要求和洛阳新区城市化率35%（2005年全国平均水平已达到48%）核定保护范围内的驻留农业人口4.3万人，调控人口1.6万人纳入城市化计划迁往新区安置，平均人口密度由现状的2300人/平方公里降至1660人/平方公里以下；

图19 隋唐洛阳城遗址·洛北宫皇城区保护区划规划图

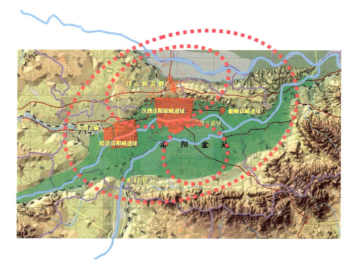

图20 洛阳盆地文化资源整合示意图

（3）交通组织调控

保持龙门大道的城市主干道功能，以绿化带维护之，形成独立空间。减弱对遗址展示区的环境影响。焦枝铁路要求适时迁移，不做年限规定。

·洛北宫城区

在洛北遗址保护区内，本规划采用的是城市建成区大型考古遗址保护规划对策，包括从城市总体规划着手的城市功能组团调整、城市生态建设结合等措施。

在洛北遗址区的宫城区分布范围内，土地利用现状40%为工业仓储用地、25%为工厂的家属区。从城市总体规划层面策划，从城区将大型工厂迁出，既有利于企业的进一步发展，更有利于城市人居环境的改善和城市土地利用的合理性。

规划在此基础上，预留"地下文物埋藏区"作为"禁建区"，冻结建设开发项目和土地出让，将土地使用性质规定为经遗产评估后确定。避免了遗址分布区经常出现的无计划的建设开发或土地交易造成政府不必要的巨额赔偿。

5.4 "资源整合"主要规划策略

在大遗址分布片区，"资源整合"或"资源区域整合"既包括片区内的文化资源整合，也包括文化资源与土地资源、生态资源等其他资源的综合保护与利用。

在洛阳盆地，文化资源实现片区整合保护与利用是一项十分突出的要事。隋唐洛阳城遗址（含宋西京重要遗址）、汉魏洛阳城遗址、二里头遗址、偃师商城遗址、东周王城遗址、邙山古墓群和世界文化遗产龙门石窟是盆地内的七大项国家重大文化资源，应列入洛阳市的《历史文化名城保护规划》统一策划综合保护与利用，特别是各界政府对遗产利用的设想要强调综合效益，不要局限于某个大遗址的利用。

大遗址保护高峰论坛文集

5.5 "集成创新"原则的主要规划策略

"集成创新"原则涉及城区大遗址整体保护的规划技术路线,主要表现为多学科参与问题。相关的规划策略可从以下三个方面着手:

（1）考古与历史研究

在历史研究层面深化完善整体格局与价值评估,在考古工作中配合保护总体规划开展相关工作。

（2）城市规划与保护规划

在规划层面将保护区划纳入城市总规、从城市总体布局与功能组团着手（包括城市化率的兑现）实现遗产保护与社会和谐发展。

以遗产文化价值评估为依据,展开"整体保护"规划。

（3）遗产保护与展示工程

在工程层面实现保护措施与展示形象的结合。

针对城市建成区大型考古城址保护存在诸多不确定因素,这些因素与保护规划、保护措施之间又存在着环环相扣的关联,需要各学科之间加强联合,共同面对根本性的保存、保护与展示问题,探讨各种可能的措施。

5.6 "系统展示"原则的主要规划策略

在大遗址保护规划中,"系统展示"的目的是为了充分揭示和传播遗产文化价值,实现的规划途径主要采用成体系的展示结构设计。

在隋唐洛阳城遗址保护总体规划中,我们根据遗产价值建立了展示结构。其中部分内容现在已经开展,另有部分内容将随着考古和研究工作的深化逐步开展。但是展示规划结构的设立,可以建立整体概念,指导未来的工作,并尽可能突出各个展示片区的独特主题,强化展示效果,避免一次性将所有的主题混合在一个地点展示,事倍功半。

在洛南遗址区,对遗址公园以外的大面积农业用地进行农作物或植物种类搭配设计,使之能够实现里坊区街巷空间形象的示意。

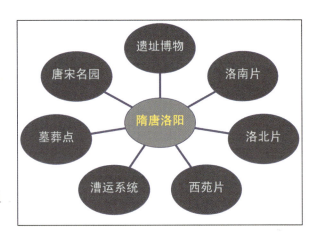

图21 隋唐洛阳城遗址展示结构示意图

图22 隋唐洛阳城遗址·洛南里坊区展示规划图

在洛北遗址区，特别是宫城区的遗址展示规模与效果不仅取决于大型工业企业的搬迁可能，取决于城市空间的重新布局；同时还与工业遗产的保护直接关联。这一挑战目前正在推进中，有待进一步深化。

结 语

城市建成区的大型考古文化遗址（包括城市遗址）的"整体保护"是现代城市规划理论与技能所面临的重大挑战，也是经济全球化背景

大遗址保护高峰论坛文集

图23 隋唐洛阳城遗址·洛北宫城区展示规划效果图

下的文化多样性保护在中国城市文化建设中不可忽略的途径。

　　解决这一问题的唯一途径：是将大型考古文化遗址作为城市重大文化资源的角色，进入到城市的总体规划层面，统筹协调遗产保护措施与城市发展目标，并直接介入城市的发展方向、功能组团布局、人口调控、土地利用、交通组织以及生态资源的保护与利用等各类相关发展因素的规划措施中，使遗产保护目标与城市发展目标取得最大的协调，最终实现重大遗产文化价值的整体保护。

大遗址考古与大遗址保护

中国社会科学院考古研究所党委书记　齐肇业

大遗址是我国古代遗址中的核心部分，大遗址考古是中国考古学的核心部分。所以，大遗址考古在考古学学科建设方面，具有极其重要的地位和作用。

大遗址又是我国文化遗产的重要组成部分，是中华民族优秀传统文化的重要凝聚点。因此，大遗址保护是传承优秀文化遗产，建设全民族共同精神家园的重要任务。

大遗址考古的基本任务

大遗址考古的基本任务，大体包括两个方面：

其一，揭示社会发展规律。

考古学的根本任务，是为研究人类社会的发展过程、发展规律，提供真实可靠的资料，即通过发掘古代遗址，获取古人遗留的各种文化遗存；通过对这些古代遗存的分析研究，探讨古代社会的演进，从中探寻人类社会的发展规律，为当今的建设发展提供可以借鉴的经验教训。

其二，揭示古代遗址价值。

在古代遗址的考古发掘和研究构成中，通过对遗址的聚落布局、文化内涵等的探讨，逐步揭示古代遗址的科学价值、艺术价值、历史价值。同时，也要揭示古代遗址的社会价值——通过遗址的展示利用，为当前的社会发展作出贡献方面的潜在价值。

大遗址考古在大遗址保护中的作用

历史的经验告诉我们：大遗址考古是大遗址保护的前提和依据。

对于古代遗址，为什么要保护，怎样保护，保护重点是什么，保护范围有多大，这些问题都需要考古学家来回答。任何一个遗址保护规划，都需要考古学的支持，未曾做过考古工作的古代遗址，实际上无法完成一个科学、有效的保护规划。遗址保护规划的深度，与该遗址考古工作的深度一般成正比，即凡是考古勘探与发掘工作广泛、细致，研究工作全面、深入，其遗址保护规划才具有科学性、可行性，反之，则往往内容空洞、脱离实际。

古代遗址除了可供科学研究之外，还应在宣传优秀传统文化、激发民族自豪感和荣誉感、满足人民群众的精神生活要求、建设全民族共同精神家园以及推动经济建设、提高人民生活水平等方面，发挥重要作用。因此，大遗址考古还要十分注重为遗址展示提供合适对象，即在考古实践中，注意把有关的遗迹遗物保护好，用于遗址的现场展示和博物馆展览。

我所在大遗址考古和保护方面的战略思考与举措

中国社会科学院考古研究所作为国家级考古科研机构，力求在我国的大遗址考古方面发挥应有作用，尤其是在古代都城遗址考古方面。我们在偃师二里头、偃师商城、洹北商城、殷墟、周原、沣镐、北京琉璃河、汉长安城、曹魏邺城、隋唐长安城、汉魏洛阳城、隋唐洛阳城等古都遗址所进行的持续考古工作，为中国考古学学科建设奠定了坚实基础。

随着学科的发展，我们深深认识到，考古学应该承担起相应的文化遗产保护责任。换言之，文化遗产保护应该纳入考古学的主要任务中，成为考古学家的自觉行动。因此，我们决定实施学术研究的战略

大遗址考古与大遗址保护

转变，走考古与文化遗产保护并举并重之路。

为适应新的形势，我所于2005年成立了非实体科研机构"文化遗产保护研究中心"，经中国社会科学院批准，2008年该中心成为实体科研机构。"文化遗产保护研究中心"的创建，是我所科研体制的重大改革，是我所顺应历史潮流的战略举措，是我所思想解放的重要成果。

近年来，我所响应中央号召积极参与文化遗产保护工作。

其一，积极投入国家重大建设工程中的考古工作，为文化遗产保护抢救做出了应有贡献。

在三峡建设工程、南水北调建设工程中，我所承担了一系列遗址的抢救发掘工作，圆满完成了任务。在河南安阳钢铁集团公司扩建工程中，我所受命领导了安阳孝民屯遗址的发掘工作。这是近些年来我国同一遗址上基本建设工程中发掘规模最大的一项考古工作。我们本着对古代文化遗产高度负责的态度，认真准备，严密组织，科学实施，因而取得了一系列重大成果，为学术界所称道。该项发掘中揭露的商代铸铜作坊遗址、商代民居遗址、商代祭祀遗存等等，极大丰富了殷墟遗址文化内涵。

其二，积极参与、热情支持世界文化遗产申报工作。

由于我所长期主持殷墟考古工作，因此在殷墟申遗工作中负有重要职责。有关专家不但热情提供学术咨询，提供必要的考古资料，还投入大量精力积极开展田野工作。其中，对于宫殿区的考古勘探和发掘，最具学术价值。

在殷墟申遗过程中，我所专家还承担了《安阳殷墟遗址保护与展示方案》的制订工作，对于宫殿区部分建筑基址、著名甲骨坑H127、出土青铜重器"司母戊鼎"的王陵区大型墓葬武官村M260的展示，制订了比较翔实的实施方案。

作为支持殷墟申遗的重要举措，我所与安阳市政府合作建立了殷墟遗址博物馆——殷墟博物馆，突破了若干束缚和制约，取得了考古科研与遗址保护展示的双赢，创造了"殷墟模式"。

作为丝绸之路中国段申遗工作重点，西安大明宫遗址近年来成为国家文物局和社会关注的焦点。此次为支持大明宫申遗工作，我所组成了专门的工作班子，制订出《大明宫遗址考古计划》，得到国家文物局领导和专家的认可和支持。这是我国首个经过国家文物局组织专家论证的大遗址考古规划，为将来的大遗址考古工作模式提供了范例。目前，我所正认真落实该计划，力争大明宫遗址保护园区建设顺利进行。

其三，积极推动遗址保护和展示工作。

我所正式参与遗址保护和展示工作，是以偃师商城为起点。1997年我所受国家文物局委托制订了《偃师商城东北隅考古发掘现场保护方案》，得到国家文物局批准后实施。由此，一个当地化肥厂的扩建工地变成了文物保护园区，地下文物遗存得到妥善保护。1998年制订了《偃师商城宫城遗址保护规划及第一期工程实施方案》，提出"建设偃师商城宫城遗址公园的总目标，是长期、有效地保护宫城遗址，同时，优化城市环境，增加城市绿化面积，使之成为科学研究、历史传统教育的基地和当地群众休闲娱乐观光的场所"。此规划方案的落实，是偃师商城遗址保护史上的里程碑。作为国家文物局大遗址保护试点项目，其重要成果是当地政府从农民手中租用了宫城范围内70余亩土地，建成了保护园区。此后，我所又完成《偃师商城宫城遗址保护规划第二期工程实施方案》。并参与《偃师商城保护规划》、《偃师商城西城墙保护展示方案》、《偃师商城宫城保护展示方案》的制订工作。

2006年，受国家文物局委托，我所参与推荐全国"百大遗址"工作，并参与上述遗址的保护纲要编制工作，为我国大遗址保护工作作出贡献。

近年来我所参与制订的遗址保护规划或遗址展示工程，还有偃师二里头、安阳殷墟、隋唐洛阳城、汉魏洛阳城、曹魏邺城、汉长安城、唐大明宫、藏王墓等等。

大遗址考古与大遗址保护

为了推动文化遗产保护学科建设，我所近年中组织实施了一批科研课题。主要包括：

1. 中国社会科学院重大课题"国情调研"项目"大遗址保护状况调研"，目前已经完成6个遗址的调研。

2. 中国社会科学院"国情考察"项目"文化遗产保护状况考察"，已组织了对甘肃、宁夏、四川、重庆等省市自治区部分文化遗存保护状况的考察。

3. 修订《考古学工作手册》。

4. 科技部"科技支撑计划"中"考古移动实验室"课题。通过此项工作，系统整理了传统工作模式，大量吸收最新科研成果，在新理念、新技术、新方法、新设备等方面，做了认真探索。

5. 受国家文物局委托，制订《考古发掘项目检查验收标准》。

6. "文化遗产保护与当代中国社会"课题，涉及现代城市建设、大型工程建设、新农村建设、工业遗产保护和宣传教育等方面。

为了在全国范围内推动文化遗产保护工作，我所主办了"全国大遗址保护研讨会"，设立了"文化遗产保护论坛"，社会反响很好。

大遗址考古与保护工作任重道远。中国社会科学院考古研究所愿在国家文物局领导下，与各地政府和有关单位通力合作，做好大遗址考古与保护工作，为我国的文化遗产保护事业和社会主义建设做出应有的贡献。

大遗址保护高峰论坛文集

河北省大遗址保护工作

河北省文物局

　　河北省位于太行山东麓，燕山南北两侧，是中华民族发祥地之一。自古以来，河北就是我国东西文化、中原文化与北方草原文化交汇和融合之所。在先民生活和相互融合、交流过程中，创造了河北灿烂的文化。在河北大地上留存下来的大遗址正是这些文化内涵的最好表现形式。

一、河北大遗址基本情况

　　通过三次文物普查，截至2007年，河北省发现不可移动文物遗存点12852处，其中，古遗址占5768处，约占不可移动文物总数的二分之一。在168处全国重点文物保护单位中，古遗址和古墓葬50处，约占全国重点文物保护单位的五分之二。在这些古遗址和古墓葬中，有160余万年前人类活动遗存泥河湾旧石器遗址群，有新、旧石器过渡时期的徐水南庄头遗址，有我国最早谷物的发现地磁山文化遗址，有商代铁刃铜钺出土地台西商代遗址，有西周和春秋时期邢国邢侯墓地，有战国时期战国七雄燕国和赵国的都城遗址，有与赵国相抗衡的千乘之国中山国的都城遗址，有秦始皇东巡而建的秦代行宫遗址，有汉代中山国时期的定州中山国贵族墓群，北朝时期东魏北齐的磁县北朝皇室贵族墓群，有唐至元代的邢窑、定窑、井陉窑、磁州窑等著名的瓷窑址，有元代皇帝往返于上都和大都之间的中都遗址，有清朝历代帝王的陵墓清东陵和清西陵等等著名大遗址。在这些大遗址中，除史前遗址多分布于山间盆地或山前阶地及其古墓葬群外，晚期遗址多分布于平原地带人类活动频繁的区域，甚至现在，人们仍然在一些大遗址内生活和生存。如赵邯郸故城，整个大北城就被压在现邯郸市下，仅有部分城墙及夯土建筑基址裸露于外；燕下都、中山古城遗址等遗址有众多村庄分布于内。

二、我省大遗址保护工作概况

我省大遗址保护工作起步较早，1961 年，我省的燕下都遗址率先完成大遗址保护"四有"工作。1964 年，国家文物局在燕下都遗址召开全国大遗址保护"四有"工作座谈会，推广燕下都的经验。随后，我省相继开展了第二、三次文物普查，全省查明文物遗存点12000 余处，公布了四批省级文物保护单位，完善了省级以上文物保护单位"四有"工作。通过几十年的不懈努力，我省大遗址保护工作取得了显著成效。

1.大遗址保护"四有"工作趋于完善。

至上世纪末，我省省级以上文物保护单位全部划定了保护范围和建设控制地带，并编制完成了文物保护单位记录档案，80％以上的文物保护单位竖立了保护标志，县、乡、村三级文物保护体系基本建立，一些重要遗址还成立了专门的保护管理机构。大遗址保护的"四有"工作已经趋于完善。由于大遗址保护和管理工作的加强，使得人民生产生活与大遗址保护的矛盾得到解决，群众建房、取土主动找到文物保护管理部门帮助其选址，避开了文物埋藏丰富的区域。当地群众也自觉参与到大遗址保护工作中来。

2.大遗址勘查、发掘和研究工作取得丰硕成果。

1956 年起，我省文物工作者开始对燕下都遗址进行了全面勘查，随后，中山古城遗址、定窑遗址、邢窑遗址、磁州窑遗址、邺城遗址、秦行宫遗址、赵邯郸故城、元中都遗址、磁县北朝墓群、宣化下八里辽代壁画墓等遗址的勘查、试掘和科学研究工作相继展开，通过几十年的工作，这些遗址内遗存的分布已经基本清晰，弄清了一些重要城址的结构。出版了《燕下都》、《观台磁州窑》、《中山国古城遗址勘查报告》、《宣化辽墓》、《北福地》等一批学术专著。这些工作为大遗址保护范围和建设控制地带的划定、大遗址保护规划的编制打下了坚实的基础。

3.基本建设与大遗址保护的矛盾有所解决。

多年来，我省基本建设项目始终处于不断发展的势头，一些大型基本建设工程如京深、京广、京沪、丹拉、石太、大广、张石、石黄高速公路，邯济、京九、朔黄铁路以及陕京输气管道等大型基本建设工程均需经过文物埋藏较为丰富的区域，如邯济铁路需通过赵邯郸故城、朔黄铁路需通过中山古城遗址，张石高速公路需通过燕下都遗址，为解决这一矛盾，文物部门主动找到建设单位共同商定解决办法，最后线路均从遗址建设控制地带边缘通过。虽然给工程建设增加了投资，但使这几处古城址保持了完整性。现在，我省大型基本建设工程选址均由文物部门提出选址意见，从而使文物保护与基本建设的矛盾有所缓解。

4.大遗址保护规划编制工作取得初步成果。

从本世纪初，我局加强了大遗址保护规划编制工作，到目前为止，完成了清东陵、清西陵总体保护规划修订工作，已经省政府批准公布；冉庄地道战遗址总体规划亦经省政府同意，并公布实施；邺城遗址保护规划已报请省政府批准公布，燕下都遗址保护规划已经国家文物局同意，现正按照国家文物局批复意见修改完善。定窑遗址、中山古城遗址、赵邯郸故城遗址、邢窑遗址、元中都遗址、磁州窑遗址、磁县北朝墓群、井陉窑遗址、封氏墓群等大遗址保护规划正在编制之中。

5.大遗址重要遗存保护展示和遗址博物馆建设工作取得明显成效。

随着我省经济的不断发展，各级政府用于文物保护、展示方面的经费投入亦有所加大，邯郸市政府斥资绿化、美化赵邯郸故城大北城赵苑遗址，将其建成邯郸市民游览休憩场所；同时，邯郸市政府还投入5000万元资金用于赵王城西侧环境治理和遗址博物馆建设。磁县政府投资4000万元建成了磁州窑博物馆，其陈列展览被评为2007年度"全国十大精品陈列"，使之成为磁县对外宣传的窗口。在国家文物局和省财政的支持下，定窑遗址文物保管所完成了定窑遗址窑炉遗迹保护棚的建设，展示定窑瓷器的烧造过程，并恢复传统瓷器制造业，现已经对游人开放。其烧造的瓷器亦开始对外销售。

6.群众性参与大遗址保护的意识有所提高。

由于大遗址"四有"工作的落实，文物保护法规的宣传，群众保护文物的意识得到了提高，一些乡、村成立了保护文物的民间组织，他们走街串巷，宣传文物保护法规。在他们的宣传下，群众在锄地中发现文物及时上交，发现古墓葬被盗时及时向文物部门汇报，中山古城遗址内的群众还协助文物部门抓住了盗掘古墓的犯罪分子。

三、大遗址保护工作中存在的问题

1.土地使用不合理，大遗址人为破坏严重。

我省大遗址保护现状，基本以种植农作物为主，遗址上种植小麦、玉米、棉花等根系不发达的农作物，对遗址间接地起到保护作用。近年来，一些乡镇对产业结构进行了调整，扩大林业种植面积，完成绿化指标，在遗址道路两侧及一些遗址范围内种植树木。土地承包责任制的实施，给承包户提供了作物选择的空间，在遗址上种植瓜果林木等经济作物，这些根系发达的植物给地下文物遗存造成很大的破坏。

2.文物保护与大遗址保护的矛盾没有从根本上得到解决。

随着经济建设的飞速发展，基本建设工程及人民生活生产与大遗址保护的矛盾愈加突出。农田改造、水利、道路等基础设施建设，农民生活设施建设以及村容整治等无不涉及遗址的保护，给遗址保护带来很大压力。还有一些高压输电线路、无线电通讯设施工程等为走捷径，减少投资，都想从遗址内通过，不可避免地与遗址保护发生冲突。有的地方政府急功近利，以牺牲文物为代价换取眼前的经济利益。旧城改造，房地产开发，开发区建设的实施，拆除原有的街道布局，使一些大遗址失去了原有的环境风貌。

3.大遗址保护规划编制技术标准、规范不健全。

由于大遗址的面积比较大，遗址内遗存差异很大，保护对象十分复杂，有关的勘探、发掘及研究工作基础相对薄弱，保护范围和建设控制地带划定不准确，给大遗址保护规划编制增加了难度。此外，到目前为止，我国尚没有大遗址保护规划编制的统一的标准和规范，编制出来的大遗址保护规划缺乏深度，不切合实际，不具备可操作性。难以得到国家文物局的批准。

4.盗掘古墓葬等犯罪活动时有发生。

受经济利益的驱使，加之古墓葬多距离村庄较远，盗掘古墓的文物犯罪时有发生，给大遗址尤其是古墓群的保护增加了难度。

5.社会性参与大遗址保护不够。

我省大遗址保护经费主要以各级政府财政投入为主，而社会各个阶层、团体、组织或个人直接或间接投入有限。一些市、县财力有限，拿不出资金用于大遗址的保护工作。因此，一些遗址保护资金难以落到实处。

四、对大遗址保护工作的几点建议

1.加强大遗址保护规划的编制队伍建设。

经过国家文物局批准，能够编制大遗址保护规划的队伍，目前尚少，远远不能够满足大遗址保护规划编制的需要。出现了大遗址保护规划编制工作处于找不到编制单位甚至排不上队的现象。建议加强编制规划的专业队伍建设，培养编制大遗址保护规划的专门人才，推进大遗址保护规划编制工作。

2.制定大遗址保护规划标准、规范，提高大遗址保护规划编制质量，为规划审批创造条件。

深入研究大遗址的特点和共性，结合当地实际，加快制定大遗址保护规划标准、规范，提高大遗址保护规划编制质量，并争取尽快得到批准公布。切实做到大遗址保护规划与当地人民群众的生产生活、当地的经济发展相结合，纳入当地社会经济发展规划和城乡建设规划。

3.加强文物保护队伍建设，提高大遗址保护管理水平。

近年来，针对我省文物保护管理机构人员变动情况，我局举办了四期市、县级文物局长、文物保护管理所长、博物馆馆长培训班，对文物保护机构管理人员进行专业培训，提高文物保护管理人员业务素质和管理水平。通过培训，文物保护管理水平有所增强，依法保护文物的意识有所提高。为大遗址保护工作提供了保障。

4.积极推进大遗址的展示和利用。

我省大遗址种类繁多，有多种多样的遗存表现形式，而且具有丰富的文化内涵，因此，利用和展示这些遗存的文化内涵，不仅仅是科学研究的需要，也是公众通过这些遗存认识自己、认识自己民族，认识自己国家，认识人类共同智慧和创造力的精神需要。在发挥大遗址社会效益的同时，也给当地带来一定的经济效益。

5.动员社会力量参与大遗址保护工作。

农民群众的支持和参与是做好大遗址保护工作的关键因素。要积极探索和尝试按照责、权、利相一致的原则，以多种方式调动农民和村集体在大遗址保护上的积极性，引导他们调整产业结构、促进农村经济的发展，在给农民群众带来经济效益的同时，也使得大遗址得到有效保护。

内蒙古的大遗址与
文物保护工作

内蒙古自治区文物局　　王大方

一、内蒙古自治区的文物概况与重要影响

(一)概况

内蒙古自治区成立于1947年5月1日。内蒙古不但是草原文明的发祥地，也是中国古代北方游牧民族活动的主要地区，还是少数民族文物和革命文物非常丰富的地区。早在上世纪80年代，内蒙古就被国家文物局确定为全国文物大省区。经过多年的调查，全区现已查明的不可移动的文物古迹总数达1.5万余处，其中，有国家级重点文物保护单位79处；自治区级重点文物保护单位313处；旗县级重点文物保护单位700余处。内蒙古还拥有3万余幅古代岩画和2万余公里长的历代长城。国内外的长城专家一致认为：内蒙古是全国各省、市、自治区中，长城里程最长的地区。此外，内蒙古拥有三大文物遗址群，它们分别是：

1. 位于内蒙古西部地区以秦汉长城、秦直道、居延遗址和边塞郡县为代表的秦汉时期的文物大遗址。如分布在阴山地区的秦始皇时期的长城；建立在鄂尔多斯高原的秦直道遗址；分布在额济纳旗戈壁、绿洲地区的汉代居延大遗址；分布在河套地区的九原、朔方郡遗址；建

立在阴山峡谷中的鸡鹿塞遗址等等。这些总计约近百处的秦汉时期的古城古遗址，是中华统一多民族国家形成中的历史文物遗存，见证了秦汉时期汉民族与匈奴民族的历史和互相交流的进程，因而具有十分重要的意义。

2. 位于内蒙古东部地区以契丹—辽代都城、帝王陵和奉陵邑为代表的辽代文物大遗址。如分布在内蒙古东部赤峰地区的辽上京、辽中京、辽庆州、辽祖州遗址；分布在兴安岭余脉的辽祖陵、辽庆陵、辽怀陵等辽代帝王陵墓及其奉陵邑。同时，也包括了大批契丹贵族家族墓地，如：分布在赤峰北部的宝山壁画墓群；分布在赤峰南部和通辽等地的萧氏家族墓地等等。这些草原都城和帝王陵、大贵族墓，具有重要的文物保护价值，也是我国极为少见的建在草原地区的古代京城和帝王陵。

3. 位于内蒙古北部、中东部地区的蒙元文化大遗址群。如：位于锡林郭勒盟正蓝旗、现正在申报世界文化遗产的元上都遗址；位于内蒙古中部北部的元代集宁、砂井、德宁、净州路四大遗址；位于内蒙古克什克腾旗的元代末都，应昌路遗址；位于呼伦贝尔盟额尔古纳的黑山头古城（该城由成吉思汗之弟哈撒儿所建）；位于鄂尔多斯市的阿尔寨石窟；还有位于西部居延遗址中的元代亦集乃路遗址等等。这些大遗址反映了由"一代天骄"成吉思汗创立蒙古国，以及由元世祖忽必烈创建元朝之后，在中国草原地区所营建的城市和文化交流所产生的对世界历史的影响。对这三大遗址进行重点保护并且将其纳入到我国大遗址保护的总体规划中，对于祖国北部边疆地区的政治、经济、文化建设具有十分深远的意义。

（二）内蒙古文物的重大意义

1. 政治意义。内蒙古的文物因其具有显著的民族特色、地区特点以及与中原文化内在的密切关系，对维护祖国统一、加强民族团结，加强民族文化大区建设都有着十分重要的意义。例如：保护元上都，申报元上都为世界文化遗产，同时保护草原地区的一批蒙元时期的古代城址和墓葬，具有十分重要的意义。

在国际影响方面，元朝建立在元上都（后迁至大都，今北京），蒙元的历史要以元上都为正宗。目前，蒙古国和林古城已申报为世界文化遗产，而元上都一直没有正式申报。因此，我们有必要加强对元上都遗址的保护和宣传，促成元上都申报世界文化遗产早日成功。

2. 科学价值。由于封建的政治制度导致了史学家的偏见，加之古代交通不便、语言不通等诸多方面原因，历史上遗留下来的史志对北方游牧民族的记述多有讹误和遗漏。经过考古人员对全区的考古发掘和文物研究，在许多方面可以纠正和补充古代史书中的错误。比如：在内蒙古东部地区出土的辽代壁画、金银器、佛经和其他精美文物，证明了契丹人所建立的辽王朝具有高度发达的文化，而不是封建文人所说的"羊犬之邦"。

二、内蒙古大遗址保护工作的困难

1. 内蒙古自治区的区域面积为118.3万平方公里，居于新疆、西藏之后，为全国区域面积第三大的省区。内蒙古自治区的文物古迹分散在全区各地的草原、沙漠、戈壁、森林、农区和城市、郊区等地，由于地域大、地质条件复杂、交通通讯条件较差，因此内蒙古的文物保护行政管理与维修保护的成本均很高，各项费用大约比内地高出25%—35%。

2. 内蒙古高原为典型的大陆性气候区，冬季严寒，春季风大，夏季酷热，秋季多雨，在这种气候条件下，历史文物古迹遭受着严酷的侵蚀，许多文物古迹需要抢救保护和不断维护保养。此外，全区文博信息化工作滞后，电子信息技术没有推广，对于全区文物行政管理工作影响较大。

3. 内蒙古自治区位于祖国西部，经济基础较差，全区财政收入总量偏低，尚不如发达省市的一个地级市。因此，内蒙古自治区人民政府无力拿出较多的经费用于文物保护工作，迫切需要国家加大对我区

内蒙古的大遗址与文物保护工作

文物保护工作的投入，特别是大遗址保护、民族文物遗产的保护和征集，以及重要的文物古建筑的保护与维修经费，需要国家予以重点资助。

4.大规模的经济建设与文物保护和少数民族文化遗产保护的矛盾日益尖锐，一批破坏、盗窃、走私文物的违法犯罪分子，对我区文物造成了严重的破坏。据调查，我区境内的古城、岩画、长城遗迹等，多次遭受开发建设部门的破坏。此外，我区达斡尔、鄂伦春、鄂温克民族的传统服装、用品和渔猎工具日益减少，已经面临失传的危险。

三、内蒙古文物大遗址保护工作的重点

1.内蒙古秦汉时期大遗址保护工程

这类大遗址主要有：①构筑在阴山地区的秦始皇时期的长城遗址。据考察，分布在阴山地区的秦长城遗址，长约400公里，残高约2米。②建筑在鄂尔多斯高原的秦直道遗址和秦昭王时期的长城，长约30公里；③分布在阴山以北草原地区的汉武帝时期的"汉外长城"，长约500公里，残高约1米。分布在河套地区的九原、朔方郡遗址和分布在额济纳绿洲的居延遗址；⑤建立在阴山峡谷中的鸡鹿塞遗址。

这些规模宏大的秦汉时期的大遗址，是中华统一多民族国家形成中的历史文物遗存，见证了秦汉时期汉民族与匈奴民族的历史和互相交流的进程，因而具有十分重要的意义。由于两千多年的风雨剥蚀和地震的破坏，这些遗址已经面临着严重的危险，需要及时加以抢救和保护维修。为此，需要国家在"十一五"期间，将其列入全国文物大遗址保护的重点项目中。

2.辽代都城与帝王陵大遗址保护工程

这些大遗址包括：①分布在内蒙古东部赤峰地区的辽上京、辽中京、辽庆州、辽祖州遗址。②分布在兴安岭余脉的辽祖陵、辽庆陵、辽怀陵等辽代帝王陵墓及其奉陵邑。③分布在赤峰北部的宝山壁画墓、耶律羽之家族墓。④分布在赤峰南部和通辽等地的萧氏家族墓地、吐

尔基山辽墓、陈国公主墓等等。这些草原都城和帝王陵、大贵族墓，具有重要的文物保护价值，也是我国极为少见的建在草原地区的古代京城和帝陵。由于长期的自然损坏和数百年来年战争与人为破坏，这些大遗址急需保护和维修。对于这一类古代京城和帝王陵墓的保护工作，需请国家列入"十一五"期间大遗址的重点保护项目中。

3.蒙元时期的大遗址群

这些大遗址包括：①位于锡林郭勒盟正蓝旗、现已申报世界文化遗产十余年的元上都遗址。②位于内蒙古中部北部的元代集宁、砂井、德宁、净州路四大遗址。③位于内蒙古克什克腾旗的元代末都，应昌路遗址。④位于呼伦贝尔盟额尔古纳的黑山头古城（该城由成吉思汗之弟哈撒儿所建）。⑤位于西部居延遗址中的元代亦集乃路遗址。⑥位于鄂尔多斯的元代阿尔寨石窟等等，这些大遗址反映了"一代天骄"成吉思汗创立蒙古国，以及元世祖忽必烈创建元朝之后，在中国草原地区所营建的城市和文化交流所产生的对世界历史的影响。由于数百年来自然和战争及人为破坏，急需对其进行总体保护，需请国家将其列入"十一五"期间大遗址的重点保护项目中。

内蒙古的大遗址与文物保护工作

江西省大遗址保护工作情况介绍

江西省文物局局长 史文斌

　　江西省文物资源丰富，尤其是陶瓷文物、革命文物、青铜文物等在国内外有重要影响。现有世界文化遗产1处（庐山世界文化景观），全国重点文物保护单位52处，省级文物保护单位333处，国家级历史文化名城3座（南昌市、景德镇市、赣州市），国家级历史文化名村镇8个，省级历史文化名城4座（吉安市、九江市、井冈山市、瑞金市），省级历史文化村镇49个，市、县级文物保护单位2000余处。这些文物遗存在各自领域内代表了当时人类文明的发展水平，真实地反映了我省各个历史时期的政治、经济、军事、文化科学和社会生活，都是独具特色、独成体系，具有独特价值，奠定了我省历史文物大省、革命文物强省的地位。近年来，在国家文物局的大力支持下，我省坚决贯彻执行"保护为主，抢救第一，合理利用，加强管理"的文物工作方针，严格执法，确保大遗址的文物安全，维护了大遗址的历史风貌。

　　一、我省大遗址分布、保存基本情况

　　我省大遗址数量较多，尤其是城址、窑址、矿山遗址在全省范围内广泛分布，著名的有景德镇御窑厂遗址、湖田窑遗址、樟树吴城遗址、筑卫城遗址、瑞昌铜岭铜矿遗址、吉州窑遗址、洪州窑遗址、李渡元代烧酒作坊遗址、牛头城遗址、白口城遗址等，其中景德镇御窑厂遗址、湖田窑遗址、樟树吴城遗址列入全国"十一五"期间大遗址保护总体规划。主要遗址情况是：

景德镇御窑厂位于景德镇老城区中心珠山一带，总面积约为13.1万平方米。该遗址是专门为明清宫廷生产瓷器的皇家窑场，持续烧造时间近600年。1982年至2004年，多次对御窑厂遗址进行了考古发掘，出土大量瓷器碎片和窑炉遗迹，其中有许多重要的新发现，为研究明清御窑厂提供了新信息、新资料，对复原御窑厂的生产面貌和探讨御窑厂的管理制度等有重要的学术价值，考古成果还被评为"2003年度全国十大考古新发现"。

湖田窑遗址，位于景德镇市东郊湖田村，是第二批全国重点文物保护单位，也是国保单位中最早的一处古瓷窑遗址。其保护范围26万平方米，共划分十二处重点保护区及一般保护区，是我国目前发现的生产规模最大、延续烧造时间最长的窑业遗存，是景德镇千年陶瓷文化的发祥地之一。

樟树吴城遗址位于樟树市吴城乡吴城村，面积约400万平方米，土城内61.3万平方米，先后进行了十次大规模考古发掘，出土石器、陶器、青铜器、玉器等遗物5000多件，2001年入选中国20世纪100项考古大发现。

二、我省保护大遗址的基本经验

1.加大了文物法规及政策的宣传力度

我省各级文物行政部门通过各种新闻媒体、张贴宣传传单等方式，加大了文物法律法规及政策的宣传力度，增强大遗址周边单位和住户的文物保护意识，遏制了盗挖犯罪活动，大遗址得到了有效保护。如湖田窑遗址文物管理部门利用召开综治例会的机会与公安、602所、湖田村、良种场等周边相关单位领导就"湖田窑遗址保护工作"召开专题会议，通报文物保护工作情况，大力宣传《文物保护法》等文物法

江西省大遗址保护工作情况介绍

规和政策，同时免费为上述相关单位及其所属科室赠送《文物保护法》、"中国文物报"，并在602所社区及湖田村、良种场居民区进行文物法规讲座，张贴宣传标语，让《文物保护法》深入人心，强化了单位和居民保护大遗址的意识，效果十分明显。

2.强化了"四有"工作

我省许多大遗址要么为全国重点文物保护单位，要么为省级文物保护单位。按照文物保护法律法规的要求，我省强化了大遗址的"四有"工作，划定了大遗址的保护范围和建设控制地带，设立了标志牌，成立了管理机构，建立健全了保护工作记录档案及遗址保护规章制度。

3.加强了规划编制工作

要做好大遗址的保护工作，必须规划先行。近年来，我省把大遗址的保护规划建设列为工作的重中之重。目前，吉州窑遗址、御窑厂遗址保护规划已通过国家文物局评审，樟树吴城遗址已报国家文物局审批，洪州窑遗址保护规划正按国家文物局的修改意见进行修改，筑卫城遗址、瑞昌铜岭铜矿遗址、湖田窑遗址、白口城遗址等保护规划正在编制之中，争取今年报送国家文物局审批。

4.严禁大遗址超负荷利用和破坏性的开发与建设

在大遗址保护工作中，我省严格按照文物工作方针的要求，严格执法，铁面无私，寸土不让，严厉禁止在保护区及建设控制地带乱搭乱建，开荒种地及盗挖地下文物等违法行为。如湖田窑遗址从未将大遗址保护用地、保护设施和馆舍租赁、承包、转让给个人、社会或企业单位经营，坚决杜绝遗址超负荷利用，确保了大遗址的安全。吴城遗址自1996年公布为第四批全国重点文物保护单位后，1997年市政府公布了《关于印发樟树市吴城保护管理办法的通知》，停止在遗址上的一切建房。

5.加大了大遗址保护经费的投入

我省十分重视大遗址保护工作，在政策、资金、人才和技术上给予全力支持。景德镇市和樟树市政府把大遗址保护列入政府重要议事日程，积极落实好各项配套措施。景德镇市政府筹措315万元用于御窑厂遗址的保护，并将遗址内包括市政府在内的所有单位搬迁。投入20万元用于湖田窑遗址围墙、界桩、界碑建设，重建了马蹄窑、葫芦窑保护房，并对遗址重点保护区周边环境进行整治。樟树市政府先后筹措200万元资金用于吴城遗址保护规划编制、商代城墙保护和标本库房保护，新建了吴城遗址博物馆。吉安县政府也积极做好吉州窑遗址保护设施建设，完成了吉州窑遗址重要区域外围栅栏修建工作。

6.大遗址保护产生了良好的效益

大遗址保护项目实施以来，在当地产生了良好的社会效益和经济效益。景德镇御窑厂遗址成为展示景德镇陶瓷历史文化遗产最重要的组成部分和文物旅游热点，极大地带动了景德镇老城区的文物保护和旅游。湖田窑遗址大幅度提高了遗址的品位和观赏性，改善了遗址周边环境，参观展线延长，外来旅游人数显著增加，促进了文物保护与经济发展。樟树吴城遗址极大地提高了群众对大遗址价值的认识，增强了群众保护大遗址、保护文物的意识，同时为发展以大遗址为核心的文物旅游创造了条件。

三、做好大遗址保护工作的建议

第一，大遗址保护范围一般较大，保护难度、安全压力较大，因此所需保护资金较多，建议国家文物局以项目建设为突破口，继续加大大遗址保护资金的投入。

第二，大遗址保护规划要求较高，需要有资质的单位编制，目前我国具有编制资质的单位数量较少，造成大遗址保护规划编制进展慢，费用高。建议国家文物局加强规划编制业务培训，使更多的单位具有编制资质。

第三，建议加快大遗址保护规划的审批速度。

江西省大遗址保护工作情况介绍

抓住机遇 扎实工作
推动大遗址保护工作稳步开展

河南省文物管理局局长 陈爱兰

尊敬的国家文物局领导、各位来宾、同志们：

大家好！十分荣幸参加西安大遗址保护高峰论坛。下面，我谨就河南大遗址保护工作的情况汇报如下：

河南是中华民族的重要发祥地之一，历史上长期处于全国政治、经济、文化的中心位置，因此分布着大量古代聚落遗址、古城址、古墓群、手工业作坊遗址等大遗址。在列入国家文物局、财政部《"十一五"期间大遗址保护总体规划》的100处大遗址中，河南省有14处（另有2项跨省项目涉及河南）。自2005年我国大遗址保护工作开展以来，国家文物局等有关部委及学术界对河南省大遗址保护给予高度关注和大力指导、支持，我省抓住机遇，扎实工作，推动大遗址保护工作稳步前进，并已取得初步成效。

一、河南省大遗址分布状况及保存现状

河南省列入国家"十一五"大遗址保护总体规划的14处大遗址集中分布在洛阳、郑州、安阳、平顶山、三门峡等5个省辖市范围内，均为全国重点文物保护单位。其中洛阳市5处，即偃师二里头遗址、偃师商城遗址、洛阳汉魏故城、隋唐洛阳城遗址、邙山陵墓群。郑州市

5 处，即郑州商代遗址、郑韩故城遗址、新密古城寨遗址、巩义窑址、巩义宋陵。安阳市 2 处，即安阳殷墟和内黄三杨庄遗址。宝丰清凉寺汝官窑遗址与灵宝北阳平遗址群两处大遗址分别位于平顶山市与三门峡市境内。

14 处大遗址中，郑州商代遗址、隋唐洛阳城遗址、郑韩故城遗址、安阳殷墟、偃师商城 5 处大遗址分别位于城市建成区或城乡结合部，受到城市发展或老城区改造的冲击较大，保护难度最大。二里头遗址、汉魏洛阳故城等 9 处大遗址基本分布于城市远郊、农村或田野当中，所受工业化、城市化冲击相对较小，但由于河南平原地区地狭人稠，村镇发展、道路建设与新农村规划等对大遗址保护工作造成了一定冲击。

二、河南省大遗址保护工作新进展

河南省列入国家大遗址保护规划的 14 处大遗址中，根据其所处地理位置、与城市发展之间的关系、地方政府的重视程度以及研究深度、工作基础等方面的不同，现阶段工作的进展情况也不尽相同。

1. 分布于城市远郊、农村或田野中的大遗址

分布于城市远郊、农村或田野中的大遗址，如灵宝北阳平遗址群、新密古城寨遗址、巩义宋陵、巩义窑址、偃师二里头遗址、洛阳邙山陵墓群、内黄三杨庄遗址等，由于受城市化的影响较小，在短期内总体保存状况相对稳定，所以目前工作的重点是根据研究深度、工作基础的不同，区别情况，一方面积极组织进行考古调查，获取基础资料，另一方面尽快组织编制保护规划大纲、总体保护规划或者编制局部的保护规划。目前，新密古城寨遗址、偃师二里头遗址已完成总体保护规划编制，其中偃师二里头遗址的总体保护规划已获国家文物局批准，年内将呈报省政府公布实施。巩义宋陵、内黄三杨庄遗址已经分别完成了保护规划大纲的编制，总体规划正在编制过程中。灵宝北阳平遗址群则对考古发掘、研究较充分的西坡遗址编制了保护规划，总体保护规划的编制尚在筹备中。巩义窑址、洛阳邙山陵墓群、隋唐大运河

河南段、河南段长城等大遗址由于研究基础薄弱，加之分布范围过于广大，目前主要是进行考古调查、勘探，并进行局部的考古发掘，为保护规划的编制获取基础资料。

另外，内黄县三杨庄遗址自2005年发现以来，一直受到国家文物局、各级地方政府以及专家学者的高度关注，因此保护工作进行得比较顺利，在总体保护规划尚未出台的情况下，已先期编制了二号庭院建筑基址保护大棚方案并得到国家文物局的批准，保护大棚工程已于2007年10月动工，预计今年10月份即完成主体工程建设。

2.分布在城市建成区、城郊的大遗址

隋唐洛阳城遗址、汉魏洛阳故城、偃师商城、安阳殷墟、郑州商代遗址、新郑郑韩故城、宝丰清凉寺汝官窑遗址等大遗址主要分布在城市建成区、城郊或者村镇集聚区，由于受工业化、城市化以及其他基本建设的冲击较大，因此较早受到关注，相关保护工作也开展得比较早，部分大遗址先期已经做过一定程度的保护，部分大遗址的保护利用已经初见成效。

安阳殷墟的大遗址保护工作是与殷墟申报世界文化遗产工作紧密结合在一起的。自2001年4月殷墟申遗工作启动以来，安阳市政府投入殷墟保护方面的资金已经超过2亿元，共搬迁居民688户，拆除各类房屋建筑面积21万平方米，绿化面积19.7万平方米，整修河道、道路等近20公里，建成博物馆1座，遗址公园2处，使得殷墟遗址的周边环境、保护管理等得到了根本改善。随着申遗成功，已逐步成为河南著名的文物旅游景区。为适应新时期保护大遗址的需要，为进一步推进安阳殷墟大遗址公园（示范园区）建设，2007年，安阳市计划对安阳殷墟保护利用总体规划进行修编,此计划得到了国家文物局的批准。2008年7月，安阳市成立殷墟保护总体规划修编工作领导小组，正式委托西北大学开始安阳殷墟遗址的修编工作。

宝丰清凉寺汝官窑遗址的保护总体规划2005年就已获国家文物局

批准，近几年主要是围绕遗址核心区域开展工作，先后修建了临时性的保护大棚，编制了博物馆、防洪工程等保护方案。同时，依照总体保护规划要求，宝丰县政府正逐年对遗址保护范围内的村民进行搬迁，异地安置，目前已拆迁25户村民。

郑州市辖内的新郑郑韩故城与郑州商代遗址面临城市基本建设的压力较大，前些年，部分地段虽结合城市公共设施建设，得到了相对有效的保护，但遗址整体在短期内进行系统性保护展示的难度还比较大。国家启动大遗址保护工程以来，郑韩故城与郑州商代遗址已先后编制完成总体保护规划。《郑韩故城保护总体规划》近期刚刚获得国家文物局批准，《郑州商代遗址保护总体规划》则正在按照国家文物局的意见进行修改。另外，2006年以来，郑州市制订了《郑州商城东、南城垣遗址专项保护展示方案》，拟对郑州商城保存最完好，同时也是保护压力最大的东、南、西三面城墙进行保护展示。目前保护工程已经启动，相关环境整治工作已拉开帷幕。

3.洛阳市片区大遗址

洛阳市是国家大遗址保护工程的重点区域，也是我省大遗址保护工作的重中之重。河南省委、省政府，洛阳市委、市政府高度重视洛阳大遗址保护工作，洛阳市辖内的隋唐洛阳城、汉魏洛阳故城、偃师商城等大遗址保护工作近几年来进展喜人。

其中隋唐洛阳城洛南里坊区大遗址保护展示工程自2005年底开始以来，洛阳市政府已累计投资8000余万元，对区内环境进行了大规模的整治，目前已部分实现了洛南里坊区的绿化保护。隋唐洛阳城外郭城定鼎门遗址保护展示工程是今年我省大遗址保护的一项重点工程，目前考古发掘工作已全面结束，保护展示方案已获得国家文物局的批准，洛阳市正在抓紧制定施工方案和施工图纸，主体工程即将开工建设。隋唐洛阳城宫城区明堂、天堂遗址及应天门遗址将实施整体保护，工程涉及区域占地约140亩，目前这一范围内的拆迁工作正在稳步推进，相关考古发掘工作也在同时进行。近期，洛阳市又提出对占压宫城核心区的洛玻集团进行整体搬迁，对该区域内分布的九洲池遗址群进行整体保护，并同明堂、天堂、应天门保护展示区域连成一片，从而在洛阳市城市中心区形成一个占地达1000余亩的大遗址保护展示园区。

汉魏洛阳故城大遗址保护工作中实施的第一个保护展示项目——北魏永宁寺塔基遗址保护展示工程已经于2005年完工，并已于同年底正式对外开放。北魏宫城正门阊阖门遗址的考古发掘与保护展示工程自2006年底获国家文物局批准后，从2007年初开始施工，至今年4月份全面完工，牡丹节期间已经对外开放，吸引了大批游客前往参观。我省拟在适当时间呈请国家文物局进行保护工程验收。目前，《洛阳汉魏故城总体保护规划》正在抓紧编制，预计今年下半年完成；汉魏洛阳故城内城城墙的保护展示方案已经获得国家文物局批准，下一步相关的考古发掘与保护展示工程将陆续开始实施；汉魏洛阳故城灵台遗址、北魏太极殿遗址、宫城西南城墙遗址三处遗址的保护展示方案正在按照国家文物局的意见加紧修改完善。

2007年，《偃师商城大城西城墙保护展示方案》获得国家文物局批准，同年，保护展示工程启动。目前，该工程已完成全部考古勘探和部分考古发掘工作，对大城西城墙的复原展示工程已完成1000米的城墙垫土工程，同时，工程涉及的拆迁工作进展顺利。

三、河南大遗址保护工作的主要措施

1.政府主导，部门协作，创新大遗址保护工作新机制。

在国家文物局的领导和指导下，我省各级政府高度重视大遗址保护工作。2007年3月21日，国家文物局和河南省人民政府在洛阳联合召开了"大遗址保护工作洛阳现场会"，对上一阶段河南的大遗址保护工作进行了总结，同时作出了下一步的工作安排。省发展改革委、财政厅、建设厅、国土资源厅等省直有关部门的负责同志和全省18个省

辖市的主管副市长、文物局长等参加了会议。国家文物局单局长和孔玉芳副省长做了重要讲话，对河南大遗址保护工作提出了具体要求。会后，河南省各地市，特别是14处大遗址所在地市纷纷出台举措，切实加强大遗址保护工作。

同年5月，河南省政府又下发通知，要求各省辖市人民政府、省人民政府各部门充分认识大遗址保护工作的迫切性和重要意义，切实加强河南大遗址保护工作。明确指出，对于城市区域内的大遗址，要将其所在范围优先规划为城市遗址公园、公共绿地、文物旅游展示景点、遗址博物馆或文物保护专门用地等。《通知》的出台，为河南大遗址保护工作的开展营造了一个良好的社会环境，也为河南省大遗址保护工作深入开展带来了新的契机。

2.加强立法，编制规划，将大遗址保护纳入法制化、规范化、科学化轨道。

2007年5月21日，河南省人民政府印发《关于加强大遗址保护工作的通知》，重申了河南大遗址保护工作必须严格遵守《河南省古代大型遗址保护管理暂行规定》的要求，编制专项保护规划和展示方案，制定具体保护措施，安排相应的经费，设立相关的保护组织或指定有关单位负责保护。

2006年7月28日，河南省第十届人民代表大会常务委员会第二十五次会议审议通过《洛阳市汉魏故城保护条例》，以地方立法的形式明确了当地政府及有关部门依法保护大遗址的职责，该条例自2006年12月1日起已经开始施行。2008年9月26日，河南省十一届人大常委会批准《洛阳市隋唐洛阳城遗址保护条例》，该条例自2008年12月1日起实施。到目前为止，河南省有关大遗址保护的专项法规、规章、规范性文件等已近20部，涉及全省40余处大遗址。最近，《邙山陵墓群保护条例》已正式列入2008年度洛阳市人大立法计划。

在大遗址保护规划、保护方案的编制方面，这14处大遗址已陆续

抓住机遇　扎实工作　推动大遗址保护工作稳步开展

编制完成总体保护规划9部，其中《二里头遗址保护总体规划》、《偃师商城遗址保护规划》、《清凉寺汝官窑遗址总体保护规划》等5部获国家文物局审核批准。完成专项保护展示方案19部，其中《汉魏洛阳故城阊阖门遗址专项保护展示方案》、《隋唐洛阳城天堂遗址保护展示方案》等10部已获国家文物局审核批准。这些保护规划、保护方案的编制，正在使河南大遗址保护工作从整体上走向规范化、科学化。

3.争取财政支持，严格资金管理，保障大遗址保护经费。

自2005年国家启动了大遗址保护项目以来，国家持续增加对河南大遗址保护经费的拨付，四年间已拨付大遗址保护专项经费2.1亿元，充分显示了国家文物局对河南大遗址重要价值的肯定和对河南大遗址保护工作的大力支持。地方各级财政针对大遗址保护投入的配套资金已接近5亿元。

为做好宋陵大遗址保护工作，巩义市政府在成立北宋皇陵管理处，核定56个财政全供人员编制的基础上，进一步加大对宋陵文物保护的投入力度，将宋陵文物保护经费列入财政预算，每年拨付专项经费120万元，并以每年10%的比例递增。市财政还拨款84万元，对宋陵14处保护房进行了维修改造。

为编制郑韩故城遗址保护规划与保护规划详规，新郑市政府先期投入135万元，保证了保护规划编制的顺利完成。

为解决清凉寺汝官窑遗址核心烧造区的民房拆迁问题，宝丰县财政从去年至今已配套投入经费159万元，今后还将逐步加大投入。

自2005年底开始，洛阳市政府已累计投资1.7亿元，用于隋唐洛阳城里坊区周边环境的整治。目前洛阳市政府正展开对隋唐洛阳城宫城区的拆迁安置、环境整治工程，该工程累计投资将达2.7亿。

自2005年以来，郑州市财政针对郑州商城和郑韩故城两处大遗址已拨付配套资金1.0472亿元。近期，为配套做好郑州商城东、南城垣保护展示项目，郑州市政府拟对郑州商城东、南城垣周边市民住宅、企业厂房等进行拆迁,整治周边环境,该项目先期投入资金将达2.4亿元。

自2002年以来,安阳市针对殷墟已投入配套资金2亿多元,针对三杨庄遗址投入350万元。

4.统筹协调、强化监督,快速均衡推进全省大遗址保护工作。

为落实国家大遗址保护工作各个阶段的工作安排,督促各地大遗址保护工作,我局多次召集14处大遗址所在市、县文物行政主管部门与相关文物保护机构负责同志召开会议,进一步统一思想、提高认识,总结成绩,查找问题,明确任务。通过我们的大力督促,各地大遗址保护工作的力度明显加大,大遗址保护规划编制、保护方案制作的速度明显加快,大遗址保护工作步入快车道。

为贯彻落实河南省人民政府《关于加强大遗址保护工作的通知》精神,2007年8月3日,我局下发《关于落实省政府通知精神积极推进大遗址保护工作的通知》,进一步强调了对加强大遗址保护工作重要性的认识,对大遗址保护规划的编制提出了更多具体的要求,声明将进一步严格涉及大遗址的基建审批制度,同时还公布了河南省首批重要大遗址保护名单。

同时,为将国家文物局、省政府有关大遗址保护的政策落到实处,我局还先后就大遗址范围内的考古发掘与大型基本建设问题下发通知,规范考古发掘审批手续,规范大型基本建设项目前期的文物影响评估、文物调查、文物勘探报告的编写。目前,这些要求已经在我们的具体工作中得到落实。

四、大遗址保护工作的一些体会

通过近年来的工作,我们感觉到,在当前形势下,要做好大遗址保护工作,必须做好以下几个方面的工作:

1.地方政府的重视是保护好大遗址的内动力。

必须充分调动地方政府保护大遗址的积极性。要使地方政府看到大遗址保护对于改善城市环境、提升城市品位、促进地方文化旅游业

抓住机遇　扎实工作　推动大遗址保护工作稳步开展

发展等方面的积极意义，对大遗址保护工作有兴趣、有积极性，并进而将大遗址保护工作纳入政府重点工作计划，力促大遗址保护与地方经济社会在和谐发展中获得共赢。

2.政策引导是保护好大遗址的外引力。

国家文物局等有关部委是我国大遗址保护工程的发起者，同时也是大遗址保护工作最有力的倡导者。中央政府和有关部委在政策、项目、经费方面的大力支持，会极大鼓舞广大文物工作者保护大遗址的热情，同时也会极大地激发地方政府保护大遗址的积极性。

3.规划先行是保护好大遗址的约束力。

大遗址保护范围广大，保护对象众多，牵涉利益方方面面，保护工作要求长期开展，因此，必须制定严谨科学的总体保护利用规划。大遗址的保护展示利用项目要根据相关研究工作开展的深度分步骤实施，对目前尚没有展示利用条件的项目不宜仓促上马；大遗址周边环境的改善不仅要配合重大项目进行集中整治，更应该在一个较长的时期内依照规划严格控制，实行有机更新；文物保护与周边各种利益团体的关系要通过法律的形式规定下来，且不能朝令夕改。这些方面都需要规划来统一约束。

4.造福社会是保护好大遗址的生命力。

必须将大遗址保护和改善人民群众生活结合起来。如将城市区域内的大遗址建设成为城市遗址公园、公共绿地、文物旅游展示景点等，使人民群众切实感受到大遗址保护工作给其生活质量改善带来的好处，吸引他们更自觉地加入到对大遗址的保护中来，这也是大遗址保护应对城市化进程加快的根本对策。

以上汇报，不当之处请各位领导和各位专家批评指正。

谢谢！

大遗址保护高峰论坛文集

陕西省大遗址保护工作情况

陕西省文物局

一、陕西大遗址概况

陕西是文物大省，地上、地下文物遗存十分丰富。全省有资料表明的各类文物点35750处，其中古遗址10497处、古墓葬4368处、石窟寺557处、古建筑2604处、石刻14893处、近现代史迹1090处、近现代代表性建筑367处、其他文物点1374处。全国重点文物保护单位140处，约170个文物点；陕西省文物保护单位668处；县级文物保护单位2090处。秦始皇陵及其兵马俑坑被列入"世界文化遗产"名录。

在全省的文物资源中，其中古遗址（包括古代陵墓及陵园遗址）15065处（点），占陕西省文物数量的将近1/2，遗址数量在我省文物资源中占有非常大的比重。在上述大遗址中被公布为全国重点文物保护单位的30处，省级文物保护单位233处，县级文物保护单位480处。国家发改委、国家文物局确定的"十一五"期间国家重要大遗址共100处，其中我省有15处，分别是阿房宫遗址、汉长安城遗址、大明宫遗址、阳陵、秦始皇陵、姜寨遗址、秦咸阳城遗址、周原遗址、周公庙遗址、秦雍城遗址、耀州窑遗址、统万城遗址、西汉帝陵、唐代帝陵、秦直道（陕西、内蒙古、甘肃三省）。因此，大遗址是陕西文物遗存中最重要的组成部分。

我省大遗址有的是中华文化起源的遗址，有的是我国古代封建王朝的都城遗址和帝王的陵园遗址，具有分布广、数量多、面积大、等级高等特点。其中周原遗址、丰镐遗址、秦雍城遗址、秦咸阳城遗址、秦阿房宫遗址、汉长安城遗址、大夏统万城遗址、唐长安城遗址、大明宫遗址等九大都城遗址，面积都在十几平方公里到七八十平方公里左右，特别是西安市内保存的周丰镐遗址、秦阿房宫遗址、汉长安城遗址和唐大明宫遗址等中国历史上最负盛名的四个王朝的都城遗址，总面积就达108平方公里。再加上秦始皇陵、汉帝陵（11座）、唐帝陵（18座）等几十座帝王陵墓的陵园遗址，每个陵园遗址占地都在几平方公里到十几平方公里。这些遗存及其地上、地下的建筑遗址、遗迹和出土文物，均是当时科技、文化发展最高水平的典型代表，是当时中华文明辉煌成就的典型代表，都具有很高的历史、文化、科学价值。

二、陕西大遗址保护工作取得的成果

多年来，大遗址保护一直是陕西文物工作的重中之重。陕西省各级政府以及文物行政管理部门投入大量人力、物力和财力，按照"中央引导，地方配合，确保重点，集中投入"的原则，实施了多项大遗址保护展示工程，取得了一定成效。近年来，财政部、国家文物局和陕西各级政府已经累计拨付大遗址保护专项资金12亿元，其中国家各部委投入2.77亿元，重点用于汉长安城遗址、唐大明宫、汉阳陵、秦始皇陵等大遗址的保护工作，极大地促进了陕西的大遗址保护利用工作。

1.汉长安城遗址保护工作

汉长安城遗址是中国历史上建都朝代最多的都城遗址，面积达36平方公里。汉长安城遗址也是国内目前保存最为完整，文化内涵最为丰富的都城遗址。近年来，国家、省、市总计投入汉长安城遗址文物保护工程资金近5000万元，其中财政部和国家文物局投入资金3700万元，各级政府投入 1000 多万元，建立了汉长安城遗址保管所，实施完成了城墙邓六路口段，厨城门遗址，东北角、西北角、西南角城墙遗址，建章宫双凤阙遗址，未央宫天禄阁、石渠阁夯台遗址、桂宫 2 号遗址等的文物保护工程。编制了《汉长安城遗址保护总体规划》，实施了长乐宫四号和五号遗址保护展示、未央宫前殿遗址保护展示、南城墙西段和西安门遗址保护展示、汉长安城遗址陈列厅建设等项目，目前正在实施的长乐宫六号遗址保护工程已接近尾声，汉长安城墙以及重要段落遗址的测绘工作已经启动。通过这些项目的实施，汉长安城遗址由点到线形成了一些景点，可视性有所增强，不仅使文物本体得到了有效保护，而且极大地提高了当地政府与群众保护文物的积极性。为进一步巩固与扩大这一成果，陕西省及西安市计划下一步将重点做好未央宫遗址区域、长乐宫遗址区域的保护展示和重点区域的村庄改造、搬迁工作，逐步形成大的文物遗址景观。

2.唐大明宫遗址保护展示项目

大明宫是唐长安城"三大内"（太极宫、大明宫、兴庆宫）之一，遗址面积约 3.5 平方公里，是我国目前保存最好的中古时期的宫殿遗址。近年来，大明宫遗址文物保护工程总计投入 4.6 亿元，其中国家投入资金 5900 万元，地方政府政府投入 4 亿余元。建立了大明宫遗址保管所，编制并公布了大明宫遗址保护规划，实施了麟德殿、大福殿、东北城角、望仙台、重玄门等多项重要遗址的保护工程。在此基础上，陕西省又争取到联合国教科文组织的援助项目，由日本国政府提供无偿援助资金 205 万美元和 2.8 亿日元，对含元殿遗址进行了考古发掘和遗址保护工作，建立了大明宫遗址陈列馆、唐代窑址展示厅。为了加快大明宫遗址的保护建设，在国家文物局的大力支持下，重点实施了唐大明宫御道考古、麟德殿遗址保护工程、含元殿遗址环境整治和麟德殿遗址环境整治、太液池遗址保护工程等项目。为彻底改善大明宫遗址周边环境和人居环境恶劣、经济发展滞后的状况，在做好唐大明宫御道和丹凤门遗址保护工程的基础上，西安市政府投入4亿多元巨资，对大明宫含元殿御道遗址的周边环境进行整治，拆迁棚户区，开展绿化美化，完善基础设施，有效地改善了遗址周边环境，促进了大明宫遗址的保护工作。同时，西安市政府还将大遗址保护与旧城改造结合起来，将规划实施面积达12平方公里的"大明宫国家遗址公园"项目，将大明宫的几处重要遗址连为一片并形成一定的规模，给当地政府和群众带来直接的社会、环境效益和一定的经济效益。

3.汉阳陵的保护

汉阳陵是汉代第四个皇帝景帝刘启与王皇后同茔异穴的合葬陵园，陵区面积十余平方公里，由帝陵、后陵、南北区从葬坑、刑徒墓地、陵庙等礼制建筑、陪葬墓及阳陵邑等部分组成，是迄今为止所发现的最为完整的西汉帝王陵园。汉阳陵文物保护工程已经投入27249万元，其中财政部、国家文物局资金投入3120万元，陕西省政府投入24129万元。先后征用文物保护用地2894亩，建成并对外开放汉阳陵考古陈列馆和帝陵南阙门遗址保护陈列厅，并对陵园环境进行了整治绿化，修建了陵区道路及围墙，为进一步实施汉阳陵的大遗址保护工作打下了良好的基础。从2004年起，陕西省开始实施汉阳陵的帝陵外藏坑保护展示厅工程和汉阳陵宗庙遗址保护工程，目前，这两项保护工程已经全部完工并对外开放，汉阳陵的社会效益和文物资源优势得到有效的发挥。

4.秦始皇陵园遗址保护

秦始皇陵是我国古代保存至今最大的帝王陵墓之一。按照中央领导的指示，根据国家文物局和国家发展改革委员会的批复意见，陕西省正在实施"秦始皇陵遗址公园"项目。该项目总投资预算为76473万元，中央财政一次性补助1亿元，其余经费均由陕西省自筹解决。秦始皇陵国家遗址公园正式开工以来，已经投入资金4亿多元，其中国家投入资金1.5亿元，陕西省投入资金5000万元，秦俑博物馆投资2亿多元。截至目前，遗址公园的文物保护项目建设用地（2902亩）征地工作和园区内企事业单位、村镇的搬迁工程基本完成，道路和基础设施建设顺利进行，绿化美化工程正在实施。秦始皇兵马俑博物馆门前区环境整治工程已全面完成，二号坑屋面维修已经告竣，极大地改善了秦始皇兵马俑博物馆门前区的文物保护环境和旅游环境。

三、陕西省在大遗址保护工作中的主要做法

1.充分发挥资源优势和人才优势，积极探索大遗址保护方法。

陕西文物资源丰富，遗址数量多、类型丰富，同时陕西也拥有大批文物保护专业人员、众多的文物保护专业机构以及大专院校和科研院所，陕西省充分利用这两方面的优势，积极倡导科学研究，加强大遗址保护模式的探索。近年来，我省先后承担和完成了国家文物局《基于多源遥感的古墓葬遗址信息提取研究——以汉五陵塬遗址为例》、《中国大遗址保护管理模式研究——以陕西省为例》、《大遗址价值取向与管理体制关联性研究——以陕西省为例》、《大型遗址保护管理机构（文管所）评估、遗址博物馆调研及研究》等课题，我局立项完成了《大遗址保护与新农村建设对策研究》、《陕西省大遗址保护利用及对策研究》（获省政府部门优秀调研成果二等奖），委托九三学社完成了《切实加强大遗址保护，不断推进中华文化建设》、《加大资金投入，建立遗址保护示范区》调研报告，同时通过人大代表、政协委员呼吁和新闻媒体宣传，已经在陕西省摸索和形成了一套较为成熟的大遗址保护方法和模式，并在此基础上实施了一批遗址保护工程。在这些工程中，汉长安城桂宫遗址保护工程、唐大明宫含元殿遗址保护工程、汉阳陵帝陵外藏坑保护展示厅工程等成为国内遗址保护工程的典范。特别是汉阳陵帝陵外藏坑保护展示厅，它是我国第一座地下遗址博物馆，它采取将遗址区域与外界环境隔绝，用人为设定的技术参数创造最适宜文物遗址保存环境的保护方式，对帝陵丛葬坑遗址进行保护。2005年10月，参加第十五届世界古迹遗址理事会年会的一千余名中外代表参

陕西省大遗址保护工作情况

观了汉阳陵帝陵外藏坑保护展示厅，专家们对这座地下博物馆给予了较高的评价，认为这种保护方式开创了我国大遗址保护的新模式，是"一项杰出的成就，是其他古遗址的楷模"，对全国大遗址保护起到了良好的示范作用。

2. 坚持文物保护特别是大遗址保护的公益性，坚持"政府主导、国家保护为主，广泛动员、吸引国内外社会各阶层共同参与"的原则，在积极争取中央财政支持，不断增大地方各级政府投入的同时，拓宽融资渠道，吸引国际文物保护资金。

近年来，陕西省充分发挥陕西遗址、文物在国际上的影响和地位，同德国、日本、意大利、美国等国的文物保护机构建立了长期的合作关系，共同对陕西的遗址和文物进行保护研究。1994—2004年，陕西省先后争取到联合国教科文组织与日本国政府205万美元和2.8亿日元无偿援助资金，对含元殿遗址进行了考古发掘和遗址保护工作，并建立了大明宫遗址陈列馆、唐代窑址展示厅。民营企业大唐西市置业有限公司对大唐西市遗址保护也倾注了极大热情，专门成立了遗址和文物保护机构，先后投资3.5亿元完成了大唐西市遗址考古发掘，编制了"唐长安城西市十字街遗址保护展示方案"并经国家专家组评审通过，大唐西市博物馆正在筹建中。通过对国外资金和先进的保护技术的引进以及企业、社会的高度关注，陕西的大遗址保护工作水平得到进一步的提高。

3. 坚持"四结合"原则，努力促进大遗址保护与当地经济社会全面进步的和谐发展。

在陕西近年来实施的文物保护工程中，我们始终坚持文物保护"四结合"的原则，即把大遗址保护与区域经济社会发展相结合、与当地群众生产生活水平提高相结合。与城乡建设发展相结合、与当地生态环境人为环境改善相结合，在具体工作中，我们一方面注意将保护与展示相结合，注意引导地方产业结构向有利于文物保护的方面发展。

大遗址保护高峰论坛文集

在对重要遗址保护的同时，尽可能予以展示，给当地提供文物展示的平台，为当地的旅游等相关产业发展奠定基础。唐大明宫含元殿遗址、汉阳陵已成为陕西文物旅游新的热点，在获得了良好的社会效益的同时也为地方带来经济效益。这种方式也得到地方政府和群众的欢迎，使他们明确了遗址区域产业发展的方向。另一方面，陕西也非常重视对遗址周边环境的整治，在实施遗址保护工程的同时，把整治遗址环境也作为一项重要工作。通过近年来的工作，大明宫遗址、汉长安城遗址的周边环境和人居环境得到了较大的改善，不但使当地居民受益，群众文物保护的意识空前高涨，也得到社会各界的高度评价，产生了很大的社会效应。

4.建立健全大遗址保护机构，动员群众并引导群众参与大遗址的保护。

陕西坚持专业保护与群众业余保护相结合的原则，一是在全国重点文物保护单位和省级文物保护单位的大遗址逐步建立文物保护管理所，属事业单位，由县级文物行政管理部门管理，实施专业保护。近年来陕西省已投入300多万元，新建、改建了30多个遗址保管所；二是在大遗址所在地建立健全群众性保护网络，在当地群众中聘请文物保护员，实施业余保护。目前陕西省各级文物保护单位共聘请了4300余名群众文物保护员，由省文物局审查并颁发《群众文物保护员证书》，由基层文物部门负责管理。

5.强大遗址基础工作，为大遗址的保护管理和合理利用创造条件。

一是进一步加强大遗址的考古调查、考古勘探和考古发掘工作，尽可能多地掌握大遗址的范围、布局及地上、地下文物分布和埋藏情况，为大遗址保护提供全面、系统的科学资料。二是着力抓好大遗址保护规划工作，始终把编制保护规划放在大遗址保护工作的重要位置，坚持不懈地组织大遗址保护规划编制工作。目前，汉阳陵陵园遗址保

陕西省大遗址保护工作情况

护规划、唐大明宫遗址保护规划、唐桥陵陵园遗址保护规划已经国家文物局审核批准、省政府公布实施；秦始皇陵园、汉长安城、梁带村、周原、耀州窑等大遗址总体保护规划已经上报国家文物局审批；唐乾陵陵园、秦阿房宫、大夏统万城、秦咸阳城、岐山凤凰山（周公庙遗址）等大遗址保护总体规划正在修改完善、论证报批过程中。

四、陕西省大遗址保护工作面临的问题

1.大遗址保护需求与现有保护条件的矛盾日益尖锐。

陕西的大遗址基本为生土质遗址，自身特性十分脆弱，加之完全暴露于自然环境中，难以抵御风蚀、雨水冲刷、地震、温差变化等自然力带来的破坏。同时由于工业化、城市化进程加快、人口激增、土地紧缺，大遗址特别是西安市的丰镐遗址、秦阿房宫遗址、汉长安城遗址、唐大明宫遗址等处在城区或城市近郊的遗址，不仅要面对自然破坏力的严重威胁，还承受着生态环境恶化、城市建设急速发展等因素产生的压力，保护任务相当艰巨。

2.大遗址保护与经济建设、群众生活的矛盾依然突出。

由于历史原因，我省许多大遗址紧邻城市和村落，与当地群众的生产生活息息相关。由于文物保护的要求，遗址区域产业结构单一，群众生活水平较低，地方经济发展也受到制约，遗址区域内外经济发展差距很大。相对于这种情况，国家没有相应政策的扶持和经济的补偿，导致当地政府和群众文物保护热情不高，甚至有抵触情绪。特别是随着西部大开发的深入开展，遗址区内居民提高生活水平的愿望日益强烈，使得遗址保护与经济建设及当地群众生产生活的矛盾日益尖锐。

3.遗址的观赏性不强，当地群众参与保护积极性不高。

由于我省遗址特性的限制，遗址类文物缺乏大众化的观赏性，难以吸引游客，加之当地政府投入不足，遗址的社会效益、经济效益和生态效益难以充分发挥，当地群众难以从文物保护上得到回报，主动参与保护遗址的积极性不足。

4.遗址保护经费严重不足。

我省本级财政列支文物保护经费约1200万元，用于遗址保护的经费非常有限。加之遗址所在县、市普遍财政困难，难以投入大遗址保护更多的经费，因此大多数遗址保护工作目前仅停留在看护、整修、塌陷回填等日常工作，无力开展进一步的研究及保护工作。虽然国家设立了大遗址保护专项经费，但由于陕西的大遗址数量太大，地方财政配套经费不足，基础工作薄弱，项目前期费用无法保证，使得大遗址保护工作仍显得捉襟见肘，在一定程度上制约和影响了保护项目的顺利实施。

5.大遗址保护管理体制不顺。

我省各重要大遗址区大部分设有文物专业管理机构施行保护管理。但在遗址范围很大、区内有大量居民的情况下，单靠文物专业管理机构无法有效承担保护管理工作。我省许多大遗址的范围都属于不同的行政辖区，有的范围跨不同的县区，如周原、汉长安城、唐大明宫遗址；有的甚至跨不同的地市，如西汉帝陵和唐代帝陵。遗址区分属不同的行政辖区，很难对遗址保护利用实行有效的统一管理。

三、大遗址保护工作思路

1.加强基础工作

集中资金和人力，有针对性地对省内重要大遗址进行详细的考古调查、勘探工作，摸清家底细账，为遗址区的保护性开发利用奠定信息资料基础。同时，组织多学科合作，编制积极保护、有效利用的遗址保护规划和相关的文化产业创意项目，提高利用水平，扩大规模，提高档次。加大宣传工作，弘扬陕西的文化形象，提升陕西的软实力。

2.加大管理力度

有选择地对关中特别是西安地区的重要宫殿遗址和帝王陵墓进行重点保护、科学利用。完善以专业管理为主，群保组织为辅的多层次管理体制。出台《陕西省大遗址保护条例》，规范和指导我省大遗址区域的保护管理、土地使用、居民搬迁以及产业结构调整等工作。积极研究我省大遗址保护的优惠政策或经济补偿措施，以此来缓解大遗址保护和当地经济发展之间的矛盾，调动地方政府、群众保护文物的积极性。

3.加强规划工作力度

认真编制落实大遗址保护总体规划，并纳入城乡总体发展规划、城镇体系和社会经济发展规划。针对每一处大遗址的保护，编制专项保护规划，制定专项保护政策，使遗址保护与当地经济和社会发展相协调，实现大型古代城市遗址价值的完整保护。

4.推进项目实施

集中力量尽快完成秦始皇陵、唐大明宫遗址公园建设，使之成为陕西大遗址保护利用的亮点，实现社会效益和经济效益的双丰收。尽快组织策划和争取实施唐代帝陵整体保护、汉长安城未央宫遗址保护与展示园区、唐长安城外郭城城墙遗址公园、西安市西南郊木塔寨遗址保护与展示工程等大遗址保护利用项目，开创我省大遗址保护利用工作的新局面。

5.增加资金投入

大遗址保护必须以政府投入为主。一方面我们积极争取国家发改委、财政部、国家文物局对我省大遗址保护经费的投入力度，另一方面建议省政府参照中央政府模式，设立陕西省大遗址保护专项基金，用于与大遗址保护利用及相关的遗址区居民补偿、产业调整等项所需，促进大遗址的保护工作。

6.理顺管理体制

在大遗址密集、又亟待进行整体性保护的遗址区，建立包括区县政府、文物主管部门和承担开发负债主体的联合机构，进行遗址保护、文化展示、城市功能完善、环境美化改造、商贸旅游开发等综合性建设，建立有开发主体为依托的大遗址综合保护区，探索新时期大遗址保护的新体制和新机制。可以考虑在西安市北郊设立国家级西安大遗址保护特区，统一管理秦阿房宫、汉长安城、唐大明宫三大遗址区和周边可开发区域的保护利用工作。将新城区、莲湖区、长安区与三大遗址相关的辖区范围划归未央区，未央区政府转型为大遗址保护特区管理委员会，并对原有的政府职能部门进行调整。

　　总之，大遗址保护是文物保护工作的重点和难点，陕西的大遗址保护工作虽然取得了一定的成绩，也面临诸多困难和挑战。但我们坚信，有陕西省委、省政府的正确领导，有国家文物局和中央有关部委的大力支持，有省政协的高度重视和各位委员的热情关注与帮助，我们有信心、也有能力做好陕西的大遗址保护工作，为陕西乃至全国的文物保护事业做出新的成绩，为陕西省经济社会的全面进步与和谐发展作出应有的贡献。

陕西省大遗址保护工作情况

新疆地区大遗址保护项目进展及体会

新疆维吾尔自治区文物局局长　盛春寿

　　新疆古称西域。由于地处古代东西方经济、文化交流通道"丝绸之路"的要冲地段，地上和地下文物的资源极为丰富，大遗址的分布范围广泛，且有古代城址、古墓葬、石窟和古建筑等多种遗存形式。这些珍贵的文化遗产是中华文明宝库的瑰宝，也是各民族文化渊源的历史见证。建国以来，党中央、国务院、有关部门和自治区各级党委、政府高度重视和支持新疆文物保护事业，先后投入大量人力、物力和财力，以文物保护工程的形式，对自治区境内多处濒临损毁的大遗址和重点文物保护单位进行抢救维修。2005年，在党中央和国务院的重视关怀下，在国家发改委、国家文物局和有关部门的大力支持下，丝绸之路新疆段大遗址抢救保护项目由国家发改委正式批准立项，列入全国重点文物保护"十一五"发展规划。

一、项目基本概况

　　丝绸之路新疆段大遗址抢救保护项目以新疆古代"丝绸之路"主干通道为主线，文物集中的大型遗址保护区为重点，串联辐射二十余处全国重点文物保护单位，包括交河故城遗址保护区、高昌故城遗址保护区、楼兰故城遗址保护区、龟兹佛教石窟遗址保护区、喀什历史文化名城与和田地区遗址保护区等，集中必要的财力物力投入，实施区域性、综合性大型文物抢救保护工程，用5年至8年左右的时间，使上述重点大遗址保护区文物抢救保护工作取得突破性进展，同时也将全面整体提高文物保护和管理水平，从而推动新疆维吾尔自治区文物保护事业的繁荣发展。项目计划总投资4.2亿元。

为了顺利完成这项重要的文物保护项目，2005年6月7日，新疆维吾尔自治区成立了由分管副主席担任组长和相关厅局主管领导担任成员的新疆重点文物保护项目领导小组，负责协调各方关系，研究与项目相关的重大事项。

领导小组下设执行办公室，由我兼任主任，另外从新疆文物古迹保护中心领导班子中选派了年富力强的两位同志担任副主任，具体负责项目的执行和管理等工作。执行办公室下设行政部、财务部、工程部、综合部、资料部和科研部等部门，每个部门均制定了明确的工作职责，并且详细分解到个人，做到"人人有事做，事事有人管"。执行办公室的工作人员，一是由自治区直属文博单位抽调一批工作能力强、经验丰富的同志；二是针对项目的总体要求，聘用应届大学毕业生、研究生。目前，人员构成已初步形成了"以老带新，新老搭配"的合理框架。

二、项目实施进展

截至2008年8月，由中央财政划拨的项目经费总计约1.8亿元，由于部分工程跨年度实施，同时已完工项目还预留了保修金，执行办公室实际支付1.4亿元，约占78%。针对79个项目，执行办公室与有关科研院所、大专院校及建设单位共签署项目合同93个，内容涉及工程项目的勘察设计、施工、监理、咨询、考古发掘、文物监护、文物信息采集以及文化遗产研究等。目前已完成交河故城一期抢险加固工程，交河故城安防系统一期工程，高昌故城遗址一、二期保护工程及考古发掘工作，米兰遗址保护设施工程，米兰遗址文物信息采集工程，龟兹佛教文化区文物信息采集与管理系统项目，和田达玛沟佛寺遗址保护及周边考古发掘项目，达玛沟托普鲁克敦佛寺遗址博物馆建设项目，和田地区重点文物保护性设施建设项目，和田佛塔加固项目（尼雅遗址，安迪尔古城遗址、热瓦克佛寺遗址），和田片区基础文物信息采集项目，七个星佛寺遗址保护规划及测绘，克孜尔尕哈石窟保护规划，克孜尔尕哈烽燧保护规划,民丰县博物馆陈列布展及屋顶防水处理项目。正在进行的有交河故城安全防范系统二期工程、交河故城防洪工程、阿斯塔那古墓群安全防范系统工程、柏孜克里克石窟防洪工程、克孜尔石窟安防系统工程、克孜尔石窟消防工程、克孜尔石窟保护规划、森木塞姆石窟保护规划、苏巴什佛寺遗址保护规划、楼兰故城保护规划、罗布泊南古城保护规划、米兰遗址保护规划、阿巴和加麻札保护规划、艾提尕尔清真寺保护规划。即将开展的有交河故城二期抢险加固工程、高昌故城三期保护工程、柏孜克里克石窟本体保护和本体防护工程、台藏塔遗址保护工程、克孜尔尕哈石窟抢险加固工程、克孜尔尕哈烽燧抢险加固工程、森木塞姆石窟抢险加固工程、克孜尔石窟防洪工程、克孜尔尕哈石窟防洪工程、森木塞姆石窟防洪工程、阿巴和加麻札修缮工程、艾提尕尔清真寺修缮工程等。

三、几点体会

丝绸之路新疆段大遗址保护项目是新疆一项前所未有的文物保护系统工程。在项目已实施三年多的过程中，我们感触良多，体会颇深。以下略谈几点体会，谨供各位领导和同行们批评指正：

1.领导的重视支持是重要保证,各部门单位的通力协作是必要条件。

保护项目伊始，就得到了方方面面的有力支持。在国家文物局方面，单霁翔局长及各位局领导不仅多次听取项目执行办的工作汇报，对新疆段大遗址保护项目做出指示，而且还亲临项目工地，现场调研，解决问题。国家文物局的直属机构，如文保司、考古处、文化遗产研究院、信息咨询中心等，也都特事特办、急事快办，在处理具体事务时对项目执行办大开"绿灯"，保证了工作的顺利开展。在自治区人民政府及各地各有关部门方面，自治区人民政府给予了高度重视，丝绸之路新疆段大遗址保护项目被明确写入新疆"十一五"发展规划中，被列为自治区人民政府督办重点项目。身为项目领导小组组长的自治区副主席也经常关注并时常派员来指导检查工作进展情况。文化厅、文物局也把保护项目作为全区文物工作的重点项目，从多方面关注大遗址保护项目的实施，专门给项目执行办安排了日常的运行经费，保证了项目办的正常运行。

新疆博物馆、新疆文物考古研究所、新疆龟兹石窟研究所等自治区直属文博单位都在人力、物力等方面对项目执行办给予了支持。项目实施地区的相关部门更是鼎力相助，如吐鲁番文物局、库车县文物局都成立了配合大项目实施的领导小组，由主要领导出任组长，协助项目执行办协调各方关系，帮助解决工程中的实际问题。

2.周密筹划，稳步推进，坚决依法、按程序和规范办事。

在坚持"保护为主，抢救第一，加强管理，合理利用"文物保护工作方针的前提下，项目执行办公室深刻领会《文物保护法》、《文物保护工程管理办法》等法律法规以及《中国文物古迹保护准则》等行业规范的精神实质，努力强化文物保护工程的系统化和规范化管理。在整个项目启动前，我们就组织专人认真编写了《"丝绸之路"新疆段重点文物保护工程实施组织大纲》及《新疆大遗址保护工程设计申报要求》。在此基础上，根据工作实际再制定详细的年度计划。对于单个的具体项目，我们从规划编制、项目立项、方案编制、论证审批、核准经费、招投标、施工管理、资金使用、竣工验收、工程决算、财务审计、资料档案的收集整理等各个环节着手，抓住关键环节，严格把关，使所有的保护工程都按程序进行，所有程序都符合相关的法律规定和专业规则。

新疆地区大遗址保护项目进展及体会

具体的措施主要有：一是统筹兼顾，保证重点，分轻重缓急有计划地安排抢救保护工作；二是严格审查项目承担单位及主要技术负责人的资质；三是所有的设计方案必须经专家论证并经国家文物局审批后才可以施工；四是坚持实行文物保护工程招投标制度，在整个过程中主动请纪检、监察部门介入；五是坚持合同管理；六是在坚持实行项目监理的同时，选派懂行的甲方代表常驻施工现场，严把工程质量关；七是坚持项目经费专款专用，严格按照《新疆大遗址保护经费使用管理办法》执行，严禁挪用和挤占，甚至如日常的办公费用、车辆购置费也从未由专项保护经费中支出，对于通过招投标结余的专项资金，也全部用于项目设计外的增量维修工作，如交河故城崖体的41区就是利用节余的专项资金进行增量加固；八是高标准，严要求，做好文物保护工程的竣工验收，主动邀请自治区财政厅的项目审计中心介入工程的财务审计；九是全面规范做好文物保护工程的资料收集和档案管理工作。

　　3.尊重科学，民主决策，充分发挥专家的作用。

　　为了确保工程实施的科学性和可行性，同时解决工程实际开展过程中的一些难题，从2005年起，我们专门建立了项目专家库，逐步形成了文物保护工程专家论证制度，努力做到未经专家论证通过的方案不上报，不审批。入选专家库的人员，有的来自科研院所，有的来自大专院校，都曾长期从事相关文博工作并卓有建树，涉及文物保护、历史以及考古等多个门类。

　　三年来，依据文物保护工程的不同类型，根据所涉及保护维修工程的内容及相关工作需要，我们邀请相关专家参与文物保护工程方案的评审、招投标、竣工验收等工作多达几十次。尤其是在具体施工中，我们尊重专家的意见，在全面继承传统工艺技术的基础上，努力将文物保护工程与现代科学技术相结合，把现代科学成果、技术手段运用到文物保护工程之中，为文物保护工程提供可靠的科学依据，增强保护手段的科学性和合理性，提高了文物保护工程的保护效果。如在交河故城抢险加固中就使用了楠竹加筋复合锚杆的专利技术，在编制七个星佛寺遗址保护规划时使用了三维激光扫描技术，都收到了较好的效果。

专家咨询论证制度实行后，大大提高了新疆文物行政主管部门决策的质量，为新疆文物保护工程的科学化、规范化提供了强有力的保证，使得文物保护工程能够在科学健康的轨道上前进。

4.抓住机遇、培养人才，强化文博队伍建设。

据初步统计，目前新疆需要维修、保养和保护的文物点达2000多处，其中，全国重点文物保护单位58处，自治区级重点文物保护单位377处。然而新疆文物保护维修的专门人才非常缺乏，原有的新疆文物古迹保护中心，无论从规划、设计、科研，还是到施工、监理等方面，业务力量相对都比较薄弱，尚未形成完善、独立的文物保护队伍。这种状况与我们在全国的文物大区的地位极不相称，不利于文物保护工程的有效管理，不利于全区文物事业的发展。

在实际工作中，我们深深体会到，由于人才匮乏，对大遗址保护项目具体实施常常是心有余而力不足。面对这样一种状况，在大遗址保护项目开始具体实施前，我们就确定，要通过项目实施，建成一支高素质的新疆文物保护的专业队伍，培养一批高水平的文物保护研究、管理、设计、监理、施工等各方面的人才。

三年来，一方面，本着"边干边学"的精神，项目执行办公室的同志们积极参与大遗址保护各个环节的工作，虚心向承担项目的各单位学习，努力提高自身的业务水平；另一方面，根据项目开展的实际需要，不定期地派出人员赴外地学习，其中，一人去意大利学习一年，多人去国家文物局及敦煌研究院举办的文物保护学习班学习。目前，围绕文物保护工程，项目执行办公室已初步形成了一支集勘察、设计、施工管理于一体的专业队伍。

5.双管齐下，加强统筹，项目实施与科学研究并举。

文物保护工程是一项综合性的系统工程。目前新疆正在实施的大遗址保护项目分布地域广，工程种类多，涉及自然科学和人文科学的多个领域，项目规模和实施难度在新疆地区都是前所未有的，所以，在很大程度上，文物保护工程项目的实施过程往往也就是科学研究的过程。对大遗址保护的研究不仅仅是对其本体保护技术手段的研究，还应涉及考古学、历史学、艺术史、民族史等各个领域的研究。鉴于文物保护项目的规划和设计是基于文物本身的价值，而且，文物保护的一个重要目的是为了更好地合理利用文物资源，因此，加强大遗址的历史、考古、文物等方面的价值评估以及保护、展示方法等多方面科研课题的研究，是对文物点实施保护不可缺少的重要方面，也是决定保护重点和要点的必需因素。

从长远来看，加强文物保护的科学研究，提高文物保护科技水平，对大遗址保护与展示进行积极有益的探索，使其真实完整地保存下去是我们不可回避的历史责任，同时，充分发挥新疆大遗址的文化内涵和潜在的社会效益、环境效益及经济效益，逐步解决大遗址的保护与经济发展及当地群众生产生活之间的矛盾，也是我们文物保护工作需要长期认真研究的重要课题。

在实际工作中，为了保证科研活动的顺利开展，项目执行办公室专门设立了科研部，具体负责科研项目的规划、立项、申报和组织实施。目前，我们正加强基础资料的搜集整理，计划编辑出版国内外学术界专家的相关研究成果，吸引各学科、各方面的学术力量的参与，有针对性地开展多学科交叉的综合性研究，进一步推进遗产研究的深度和广度，为大遗址的保护和利用提供服务。

今年8月，由新疆文物古迹保护中心主办的《新疆文物保护工程》正式创刊，为关注支持新疆文物保护事业的各界人士提供了一个交流互动的平台。这份刊物目前虽是内部刊物，但它计划每年出版四期，在探讨文物保护理念，交流文物保护技术，宣传文物保护政策法规的同时，主要刊载几十年来关于新疆文物保护工程的勘察报告、修缮设计方案、重要信息等。作为科研工作的重要组成部分，伴随着大遗址保护项目的实施，一些中期的项目成果也有专人在按计划整理中。其中，《新疆和田地区佛塔抢险加固工程报告》已完成初稿，《新疆文物保护工程方案集》已完成大部分的编辑工作，这两部书稿有望在明年春季出版。

6.加强宣传，多方联动，推进大遗址保护的社会效益扩大化。

近年来，随着国民经济的持续快速发展，我国城镇化的速度大大加快，开发利用旅游资源也日益引起地方政府的关注，文物保护与城镇建设、旅游资源开发之间的矛盾日益突出。在实际工作中，更为合理的做法应是在文物保护与城镇建设、旅游资源开发之间努力寻找一个平衡点，力争促成双方共荣双赢的局面。吐鲁番地区就是一个较好的例子。该地区较早就对文物保护做了总体规划，并将文物保护纳入城市的总体规划，通盘考虑。这些年来，不仅吐鲁番的大遗址保护项目开展得有声有色，而且通过整合旅游资源，尤其是维修后的文物资源，促使当地经济更上了一个新台阶。

从实际效果看，文物的保护维修过程也是宣传文物保护理念的过程。丝绸之路新疆段大遗址保护项目开工伊始，我们就通过《工程简报》、新疆文物保护网以及各主流媒体适时向有关部门和社会公众汇报项目的开展情况。事实证明，目前虽然投入的项目资金有限，但是一些项目在竣工后，不仅给地方带来了经济效益，而且还产生了明显的社会效益。如：随着全民文物保护意识的不断提高，城镇建设、水利施工以及旅游开发等职能部门在决策时已开始主动征求文物管理部门的意见；民丰县博物馆建成后，当地政府部门见到馆内展品丰富，文物价值高，随即再次对博物馆追加20万元资金。

丝绸之路新疆段大遗址保护项目已经实施三年多了，我们虽然取得了一些工作成绩，但是仍感到任重而道远。文物保护是一项功在当代、利泽后世的系统工程。我们坚信，在上级部门的正确领导下，在相关部门的大力协助下，该项目的实施，必将为新疆大遗址的保存提供良好的环境，在有效保护的前提下，使古代遗址通过合理的开放展示与积极的科学研究，向社会公众展现其所具有的历史文化价值，最终为"丝绸之路"跨国联合申报世界文化遗产奠定坚实的基础。

大遗址保护高峰论坛文集

在西安大遗址保护高峰论坛上的总结讲话

国家文物局副局长　童明康

同志们：

　　本次高峰论坛是在全国上下深入学习实践科学发展观的背景下召开的，是我们贯彻落实这次学习活动的一次重要举措。在大家的共同努力下，论坛圆满完成了各项议程，即将圆满结束。

　　本次论坛规格很高，前来参加论坛的有来自重要遗产城市的主要领导同志，还有来自各省文物行政部门的负责同志和来自科研院所的资深专家。这样一个高规格的论坛，专门讨论大遗址保护工作，让我们看到了做好这项工作的光明前景。

　　本次论坛目标明确。大遗址保护的一个重要目标就是要促进当地经济社会的可持续和谐发展。这就需要城市规划部门的大力支持。因此，论坛不但有来自文物部门的同志，还邀请了一些重要遗产城市规划部门的负责同志，希望通过文物、规划部门的通力合作，将大遗址保护更好地纳入当地城市规划，取得大遗址保护与城市发展的共赢。

　　本次论坛成果丰硕。在下午的发言中，来自西安、郑州、洛阳、无锡、扬州等城市的主要领导做了很好的发言，介绍了他们在大遗址保护方面的工作经验，其他与会代表也进行了充分而广泛的交流。这对于我们进一步认清大遗址保护工作的出路和发展前景颇有裨益。

本次论坛另一项重要成果就是达成了《大遗址保护西安共识》。该共识是在全面总结国际国内大遗址保护理论和实践的基础上形成的，是大遗址保护方面的第一个专门性文件，必将对我国大遗址保护工作产生积极的影响，具有里程碑意义。

同志们，今天的论坛大家受益良多。在今后的工作中，我希望今天形成的共识能够贯彻落实到大遗址保护的各项具体工作中去，也希望大家今后能够继续加强沟通和交流，共同提高大遗址保护和管理的水平。国家文物局将在发展改革、财政和国土资源等相关部门的大力支持下，按照《"十一五"期间大遗址保护总体规划》的统一部署，加强引导，加大各方面工作力度。同时，我也希望各省文物行政部门能够积极发挥主观能动性，立足于国情和省情，科学规划、协调各方面力量，扎实推进大遗址保护工作。

最后，我代表单霁翔局长和国家文物局，代表全体与会代表对陕西省人民政府、西安市人民政府和全体工作人员的热情款待和周到细致的服务表示衷心的感谢！

大遗址保护高峰论坛到此结束，谢谢大家！

大遗址保护高峰论坛文集